中华复兴之光

美好民风习俗

千秋龙凤图腾

梁新宇 主编

汕头大学出版社

图书在版编目（CIP）数据

千秋龙凤图腾 / 梁新宇主编. —— 汕头：汕头大学
出版社，2017.1（2023.8重印）
（美好民风习俗）
ISBN 978-7-5658-2829-4

Ⅰ．①千… Ⅱ．①梁… Ⅲ．①图腾－文化－中国
Ⅳ．①B933

中国版本图书馆CIP数据核字(2016)第293453号

千秋龙凤图腾　　　　　QIANQIU LONGFENG TUTENG

主　　编：梁新宇
责任编辑：邹　峰
责任技编：黄东生
封面设计：大华文苑
出版发行：汕头大学出版社
　　　　　广东省汕头市大学路243号汕头大学校园内　邮政编码：515063
电　　话：0754-82904613
印　　刷：三河市嵩川印刷有限公司
开　　本：690mm×960mm　1/16
印　　张：8
字　　数：98千字
版　　次：2017年1月第1版
印　　次：2023年8月第4次印刷
定　　价：39.80元
ISBN 978-7-5658-2829-4

前　言

　　党的十八大报告指出："把生态文明建设放在突出地位，融入经济建设、政治建设、文化建设、社会建设各方面和全过程，努力建设美丽中国，实现中华民族永续发展。"

　　可见，美丽中国，是环境之美、时代之美、生活之美、社会之美、百姓之美的总和。生态文明与美丽中国紧密相连，建设美丽中国，其核心就是要按照生态文明要求，通过生态、经济、政治、文化以及社会建设，实现生态良好、经济繁荣、政治和谐以及人民幸福。

　　悠久的中华文明历史，从来就蕴含着深刻的发展智慧，其中一个重要特征就是强调人与自然的和谐统一，就是把我们人类看作自然世界的和谐组成部分。在新的时期，我们提出尊重自然、顺应自然、保护自然，这是对中华文明的大力弘扬，我们要用勤劳智慧的双手建设美丽中国，实现我们民族永续发展的中国梦想。

　　因此，美丽中国不仅表现在江山如此多娇方面，更表现在丰富的大美文化内涵方面。中华大地孕育了中华文化，中华文化是中华大地之魂，二者完美地结合，铸就了真正的美丽中国。中华文化源远流长，滚滚黄河、滔滔长江，是最直接的源头。这两大文化浪涛经过千百年冲刷洗礼和不断交流、融合以及沉淀，最终形成了求同存异、兼收并蓄的最辉煌最灿烂的中华文明。

五千年来，薪火相传，一脉相承，伟大的中华文化是世界上唯一绵延不绝而从没中断的古老文化，并始终充满了生机与活力，其根本的原因在于具有强大的包容性和广博性，并充分展现了顽强的生命力和神奇的文化奇观。中华文化的力量，已经深深熔铸到我们的生命力、创造力和凝聚力中，是我们民族的基因。中华民族的精神，也已深深植根于绵延数千年的优秀文化传统之中，是我们的根和魂。

　　中国文化博大精深，是中华各族人民五千年来创造、传承下来的物质文明和精神文明的总和，其内容包罗万象，浩若星汉，具有很强文化纵深，蕴含丰富宝藏。传承和弘扬优秀民族文化传统，保护民族文化遗产，建设更加优秀的新的中华文化，这是建设美丽中国的根本。

　　总之，要建设美丽的中国，实现中华文化伟大复兴，首先要站在传统文化前沿，薪火相传，一脉相承，宏扬和发展五千年来优秀的、光明的、先进的、科学的、文明的和自豪的文化，融合古今中外一切文化精华，构建具有中国特色的现代民族文化，向世界和未来展示中华民族的文化力量、文化价值与文化风采，让美丽中国更加辉煌出彩。

　　为此，在有关部门和专家指导下，我们收集整理了大量古今资料和最新研究成果，特别编撰了本套大型丛书。主要包括万里锦绣河山、悠久文明历史、独特地域风采、深厚建筑古蕴、名胜古迹奇观、珍贵物宝天华、博大精深汉语、千秋辉煌美术、绝美歌舞戏剧、淳朴民风习俗等，充分显示了美丽中国的中华民族厚重文化底蕴和强大民族凝聚力，具有极强系统性、广博性和规模性。

　　本套丛书唯美展现，美不胜收，语言通俗，图文并茂，形象直观，古风古雅，具有很强可读性、欣赏性和知识性，能够让广大读者全面感受到美丽中国丰富内涵的方方面面，能够增强民族自尊心和文化自豪感，并能很好继承和弘扬中华文化，创造未来中国特色的先进民族文化，引领中华民族走向伟大复兴，实现建设美丽中国的伟大梦想。

目 录

凤凰传说

中华神龙

　　龙是古代传说中的一种神异动物，能大能小，能升能隐，具有兴云吐雾、隐介藏形，飞腾太空、潜伏波涛之能，它与白虎、朱雀、玄武并称四神兽。龙是华夏民族的图腾，中华民族的象征，龙文化上下几千年，源远流长，对龙的崇拜深深地印在了炎黄子孙的骨血里。

　　中华民族自称龙的传人，我国古代帝王也自称为真龙天子以示威严。龙文化蕴涵着我国人民自古重视天人合一的宇宙观、阴阳交合的发展观和兼容并包的多元文化观，具有深刻的文化内涵。

人文初祖与神龙的交融

　　相传在四五千年前，我国南方的水乡泽国有一个以龙为图腾的百越族，他们在每年的农历五月初五，都要举行龙舟竞渡，以祭"龙"。在祭祀过程中，人们用"五彩丝系臂"，并断发文身，以显

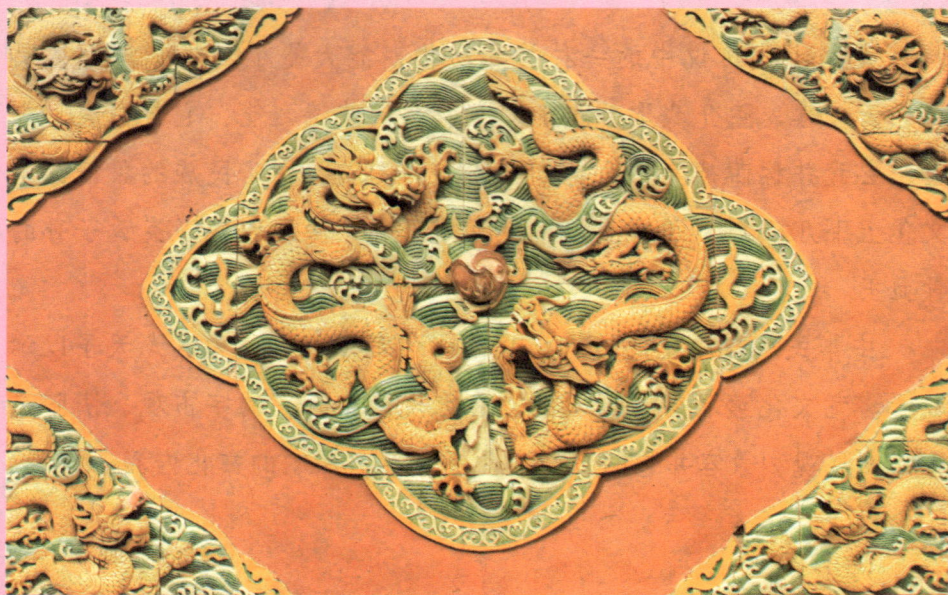

示自己是龙子的身份。

百越族图腾的龙到底是什么样的动物呢？在神话传说中，龙是一种神异的动物。它的长相奇特，很像各种动物的大集合。

龙的身体修长，体表像蛇一样有鳞片，它的角像鹿一样，耳朵像牛，嘴上有两条像虾一样的须，也有又大又凸的圆眼睛，还拥有长得像老鹰一样的爪子，老虎一般的脚掌，背上有鱼鳍，嘴里含有一颗珠子。

宋代罗愿作的训诂书《尔雅翼》中曾这样形容龙的外貌说：

龙者鳞虫之长。王符言其形有九似：头似牛，角似鹿，眼似虾，耳似象，项似蛇，腹似蛇，鳞似鱼，爪似凤，掌似虎，是也。其背有八十一鳞，具九九阳数。其声如戛铜盘。口旁有须髯，颔下有明珠，喉下有逆鳞。头上有博山，又名尺木，龙无尺木不能升天。呵气成云，既能变水，又能变火。

龙的这种融合了许多动物的奇异长相，并没有影响人们对它的喜

爱，君主帝王对龙的心仪更甚，几乎把一切都与龙联系起来。

比如，皇帝生气称为"龙颜大怒"，皇帝高兴就叫"龙心大悦"，皇帝生病就叫"龙体抱恙"，皇帝的子孙是"龙子龙孙"，所有的皇帝也都会自称为"真龙天子"。

同时，皇宫中的一切器物、服饰、用具上也都打上了龙的印记，如"龙袍"、"龙衮"、"龙冠"、"龙座"、"龙床"、"龙辇"、"龙舟"和"龙船"等。

皇宫中最重要的装饰就是龙纹和龙雕、龙塑，如柱、脊、檐、梁、栏杆、藻井等无不布满龙纹，仅故宫的太和殿内外各种龙饰、龙雕等各种形式的龙就有1.38万条。

为什么古代君王会如此狂热地喜爱龙呢？这还要从我国的"五帝"之首，被尊为中华"人文初祖"的轩辕黄帝开始说起。

传说轩辕是少典与附宝之子，本姓公孙，因有土德之瑞，故号黄帝。黄帝以统一华夏部落与征服东夷、九黎族而统一中华的伟绩载入史册。黄帝在位期间，播百谷草木，大力发展生产，始制衣冠、建舟车、制音律、创医学等，是中华文明的奠基者。

黄帝的诞辰是农历三月初三，我国自古就有"二月二，龙抬头；三月三，生轩辕"的说法。黄帝刚出生之时的外貌就被称为"龙颜有圣德"。

在黄帝还未统一天下时，曾与九黎族部落首领蚩尤开战。蚩尤发动了他铜头铁额、个个本领非凡的兄弟们，又召集了山林水泽间的魑魅魍魉等鬼怪，摆出了毒雾阵，把黄帝的军队围困起来了。

黄帝驾着谋臣风后发明的指南车，指挥军队冲出毒雾阵。蚩尤又派魑魅魍魉去作战，黄帝则叫兵士们用牛角军号吹出龙的声音，吓跑了这些鬼怪。

黄帝的手下有个叫应龙的，是龙的一种。我国古代杂传类著录《述异记》记载："龙五百年为角龙，千年为应龙"，应龙就是修行了千年的龙。

应龙在黄帝与蚩尤的对战中发挥了很大作用，它能呼风唤雨，帮助黄帝打败了蚩尤而立下大功。我国先秦重要古籍《山海经·大荒北经》记载说：

蚩尤作兵伐黄帝。黄帝乃令应龙攻之冀州之野。应龙畜水。

我国第一部纪传体通史《史记·五帝本纪》记载说："黄帝使应龙杀蚩尤于凶黎之谷。"传说应龙立下战功后，由于消耗能量过大无力振翅飞回天庭，就悄然去了南方休养，蛰居在山泽里，因此南方

总是雨水多又潮湿。

黄帝统一天下后，有一天晚上，他梦见有两条龙从黄河中出来，持一幅白图献给他。黄帝不解，就去询问天老。天老高兴地回答说："这是天赐的祥瑞，河图洛书要出的前兆啊！"于是，黄帝便与天老等人游于河洛之间，沉璧于河中，杀三牲斋戒。

最初，河中一连3天大雾。之后，又是七天七夜的大雨，接着就有黄龙捧图自河而出，黄帝连忙跪接过来。只见图上五色毕具，白图蓝叶朱文，正是河图洛书。

黄帝知道黄龙必定是来传送上天旨意的，但是他不解河图洛书之意，就开始巡游天下，封禅泰山，寻访高人。他听说有个叫广成子的仙人在崆峒山，就前去向他请教。

广成子指点黄帝说："自你治理天下后，云气不聚而雨，草木不枯则凋。日月光辉，越发的缺失，而佞人之心得以成道，哪里值得我和你谈论至道呢？"

黄帝回来后，就自建了一个小屋，里边置上一张席子，一个人在那里反省了3个月。而后又到广成子那里去问道。当时广成子头朝南躺着，黄帝就跪着膝行到他跟前，问他如何才得长生。

广成子这时坐起身说："这下才算是问对了！"接着，他就告诉至道之精要。广成子的话，被记载在古籍《自然经》中：

至道之精，窈窈冥冥，至道之极，昏昏默默。无视无听，抱神以静。形将自正，必静必清；无劳妆形，无摇妆精，方可长生。目无所见，耳无所闻，心无所知，如此，神形合一，方可长生。

　　这段话的中心意思是说："道"是看不见、摸不着的客观规律，所以对外界瞬息万变、五光十色、影响身心健康的事物，千万不能执着，应该一切按客观规律而行，顺其自然，达到内心"必清必静"的程度，自然就可以健康长寿。

　　黄帝向广成子问道后，又登王屋山，得取丹经。并向玄女、素女询问修道养生之法。而后，回到缙云堂修炼。

　　根据《史记·封禅书》的记载：黄帝采来首山铜，在荆山下铸九鼎。鼎刚刚铸成，突然间就风云变色，万籁俱静，一条龙从云层中现身，飞向了黄帝。这条巨龙的眼睛像是一块硕大的墨玉，长啸声如狂风怒吼，遍布鱼鳞的躯体上闪烁着金光，长长的龙须轻轻飘动。

　　人们都惊呆了。这时，这条巨龙飞降到了地面上，温和地对黄帝说："你已经明白了河图洛书的寓意，也使中华文明进了一大步，玉帝十分欣慰，因此派我来接你升天，去觐见玉帝，让你功德圆满。"

黄帝一听，点了点头，就跨上龙背，并且对群臣说："玉帝要召见我了，你们多保重，再会了。"

大臣和百姓们都十分舍不得黄帝，希望追随他，都说："请让我们追随您去吧！"然后爬上了龙背。

巨龙眨眨眼，一言不发地扭动着身躯，把那些人都摔了下来。又有人用力抓住了长长的、闪着银光的龙须。巨龙仍然没有理会，快速飞上天空，一下子就消失在云雾中了。

大家这时才明白，并不是任何人都有资格骑上龙背的，只有像黄帝那样尊贵、仁义，有大功德的人才能与龙并驾齐驱。由此，龙就成了皇帝君王的专属神物了。

随龙而去的黄帝也舍不得自己的子民们，他把平日不离身的弓扔下了凡间。就这样，人们只能靠黄帝的弓来怀念他。

后来，为了纪念这件事，人们就把当时铸造宝鼎的湖称为鼎湖，那把弓称为乌号。因为黄帝乘龙而去，不再归来，后人们也把帝王的去世称为"龙去鼎湖"。

我国的另一位华夏始祖炎帝也和龙有着很深的渊源。我国专述帝王世系的史书《帝王世纪》上就记载说：

神农氏母曰任姒，有
蟜氏之女，名女登。为少典
妃。游于华阳，有神龙首感
女登于常羊，生炎帝。

炎帝的母亲是在见到龙之后
生下了炎帝，这个说法在东汉
王符所著的点评时事的《潜夫
论·五德志》中也有记载：

有神龙首出常羊，感
任姒，生赤帝魁隗。身号炎
帝，世号神农，代伏羲氏。

这些说法，将炎帝的出生与龙联系在一起，即认为炎帝是一个
"龙种"，因此身份尊贵，注定要成为君王。后来，炎帝果然登临帝
位，又制耒耜，种五谷，立市廛，为人民造福。

民间传说炎帝生下来时就具有龙的容颜，他的母亲女登曾在宝鸡
姜水东岸的泉水中为炎帝洗澡，洗完澡后又骑上一条青龙，飞到蒙峪
石洞隐居去了。

随后，那眼泉水中出现了九条小龙，从此名为九龙泉。

据说，炎帝3岁时就曾拜见龙王，要求龙王施雨要均匀。在炎帝将
升天的时候，各处的龙王都争抢着要把炎帝的肉体埋在自己管辖的地
方。最后，湖南酃县的龙如愿以偿，并在炎陵山下洣水河边留下了龙

脑石、龙爪石等遗迹。

在我国古代传说中，除了黄帝和炎帝外，君王与龙的渊源轶事还有很多。例如，"五帝"之二的颛顼，"乘龙而至四海"，巡行天下，无比威严；"五帝"之三的喾帝，"春夏乘龙"也是离不开龙的；"五帝"之四的尧帝，他的出生更与龙有着直接的关系，即其母庆都是"出以观河，遇赤龙"，并一阵"唵然阴风，而感庆都"孕而生尧。

尧出生后，在唐地曾梦见自己"御龙以登天，而有天下"，后来居然梦想成真，成为华夏部落的第四任首领。

"五帝"之五的舜帝，也是生成一副"龙颜大口黑毛"的模样。他对龙格外钟爱，给善于驯养龙的人赐姓为"董氏"，专设畜龙之官，并在联盟议事会的"九官"、"十二牧"中封龙为"纳言"之职。

我国第一个奴隶制王朝夏王朝的奠基者禹帝，则与龙有着更为直接的关系。在禹出生之前，还是尧在治理天下，当时世间暴发了大洪水，人们的生活极为艰难。禹的父亲鲧为了治理洪水，从玉帝那里偷

出了一种能自己生长、永不耗减的土壤，叫做息壤。

结果这件事被玉帝发现了，玉帝对鲧进行了惩罚。据《山海经·海内经》里记载：

> 帝令祝融杀鲧于羽郊……三岁不腐，剖之以吴刀，化为
>
> 黄龙。

鲧虽然被处死，但是他的躯体三年都没有腐烂。祝融用吴刀剖开鲧的肚子，立马飞出了一条黄龙，这条黄龙就是禹。

禹继承了父亲的遗愿，成功地治理了水灾。我国第一部浪漫主义诗歌总集《楚辞·天问》中，记载了大禹治水时充分利用了龙：

禹治洪水时，有神龙以尾画地，导水所注，当决者，因而治之也。

东晋王嘉所著的志怪小说集《拾遗记》也曾经记载道：

禹尽力沟洫，导川夷岳，黄龙曳尾于前，玄龟负青泥于后。

从这些文献的记载中可以看出，神龙曾以尾扫地，帮助禹疏导洪水。这和应龙帮助黄帝作战一样，都是为了帮助能造福于百姓的英雄帝王，这正是人们喜爱龙的原因之一。

相传禹对龙的脾气秉性十分的熟悉，有一次"禹省南方，济乎江，黄龙负舟，舟中之人，五色无主"。但禹却镇定自若地说道："余何忧于龙焉？"这一点更说明了龙与古代君王之间的亲密的关

系。

正式把皇帝称龙是在秦代，秦始皇就被称为是"祖龙"。到了汉代，又有刘邦称龙体感应其母而生。汉代以后的历代君王，也总是把自己和龙联系在一起，从汉代到明清时期，各朝代以"龙"作为年号的就有20个。

总之，"人文初祖"与神龙的交融，虽然经不起自然科学的验证，但是从社会学和民族学、民俗学的角度来看，它确实是历史的真实，是原始宗教和图腾信仰。"五帝"与神龙交融在一起，是具有顽强生命力的一种龙文化现象，受到后来各个民族的认同和尊重。

知识点滴

传说有一天，明孝宗朱祐樘曾问文渊阁大学士李东阳："朕曾听说龙生九子的说法，那这九子各是什么动物呢？"才高八斗的李东阳竟然也不知道。他退朝后左思右想，最后拉出一张清单。

按李东阳的清单，龙的九子是：趴蝮、嘲风、睚眦、赑屃、椒图、螭吻、蒲牢、狻猊、囚牛。不过在民间传说中的龙子却远远不止这几个，狴犴、貔貅、饕餮等等都被传说是龙的儿子。其实所谓龙生九子，并非龙恰好生九子。如果非要选出九子来的话，也应该选出其中在民间影响最大的9个。

皇帝龙袍上的龙图案

中华龙文化，博大精深。帝王的龙袍，也是处处蕴含着丰富的龙文化内涵。据史籍记载，周代有官名"司服"，这些官员专门"掌王之吉凶衣服"。周天子用于祭祀的那些烦琐的礼服，已经开始采用

十二章纹样。

十二章图案传说在虞舜时期，就已经出现并使用了。它包括日、月、星辰、山、龙、华虫、藻、火、粉、米、黼和黻。据《虞书·益稷》篇中记载：

予欲观古人之象，日、月、星辰、山、龙、华虫作会，宗彝、藻、火、粉米、黻、黼、絺绣，以五彩彰施于五色，作服汝明。

《虞书》是记载最早的关于十二章图案的书籍。在《虞书》中的这种记载，大概是周代史官们对前代的追述。

这样看来，上述的所谓日月等十二种纹样，在周代以前就用画或绣的方法施之于皇帝的衣服上了。说明周代以前就已经使用十二章图案，并且一经出现就成为皇帝的权力象征，具有政治意义。

十二章纹样的题材由来已久，原始社会的人们就观察到：日、月、星辰预示气象的变化；山能提供生活资源；弓和斧是劳动生产的工具；火改变了人类的生活方式；粉米是农业耕作的果实；虎、猴、华虫即红腹锦鸡是原始人狩猎活动接触的对象；龙是我国古人早就崇拜的图腾对象；黼和黻是垂在身前的长方形织物。

章服制度的真正确立，是在东汉初年。以后各代帝王的礼服上都装饰有十二章纹，只是十二章位置、色彩略有变化。

龙是我国许多原始氏族崇拜的图腾对象。在龙袍上的十二章图案中，龙是我国古代龙的文化在皇帝纹饰服装方面的重要体现。

我国古代帝王的龙袍上绣9条龙是有讲究的，这是因为在我国文化中，"9"这个数字和龙一样，代表着最高的荣耀和尊贵，并且是至阳的虚数、极数。我国的成语"九五之尊"，就是用来形容皇帝的。因此，"9"也是和龙最贴合的数字。

无论是哪个朝代，龙袍都是要通身共计绣9条金龙，其中，4条正龙要绣得正襟危坐，一团威严，处于龙袍最显要的位置，也就是前胸、后背和两肩。

这4条行龙要绣得极富活力，有似动而非动的神韵，分别在前后的衣襟部位。这样前后望去都是5条龙，寓意着"九五至尊"。

从表面上一眼看去，龙袍的通身只有8条金龙，与史书上记载的有出入。于是有个说法认为，皇帝是真龙天子，本身就是一条金龙。

其实这第九条金龙就绣在龙袍里面的衣襟上，要掀开外面的衣襟才能看到。一般人哪敢去随便掀皇帝的衣服呢？皇帝本人也不会那么不顾礼仪，因此龙袍在皇帝穿上身时看上去就只有8条。

在我国历史上各个朝代的龙袍中，明代皇帝龙袍上的龙，形象更加完善。明代以前的帝王也有穿"龙袍"的，

但与后来的龙袍明显不同。先秦的龙纹，形象较质朴粗犷，大部分没有肢爪，近似爬虫类动物。秦汉时期的龙纹，多呈兽形，肢爪齐全，但无鳞甲，常被绘成行走状。

更为重要的是，明代以前，龙纹服饰虽是一种权威象征，但未必是皇帝一人的"专利"，其他贵族也能穿戴。进入明代，我国封建社会确立了等级森严的服饰制度，龙袍被指定为皇帝正装，且他人不得穿戴。

另外，明代以后，皇帝亦赐龙袍予以王公大臣，他们的服饰上绣着龙纹，但不能称为龙袍，只能叫作"蟒袍"。

明代皇帝龙袍上的龙纹，集中了各种动物的局部特征，头如牛头、身如蛇身、角如鹿角、眼如虾眼、鼻如狮鼻、嘴如驴嘴、耳如猫耳、爪如鹰爪、尾如鱼尾等等。在图案的构造和组织上也很有特色，除传统的行龙、云龙之外，还有团龙、正龙、坐龙、升龙、降龙、祥龙等名目。

我国古代帝王的龙袍，除了龙纹外，还有儒家学派服饰理论的内容十二章纹样。十二章纹样是在龙袍上最常见的图案，也是古代君王的专有纹饰，除了皇帝、帝后之外，只应用在少数亲王、将相

的服饰上，从未在民间出现过。

清末经学家孙诒让在疏证周代官制的著作《周礼正义》里记载说：日、月、星辰、山、龙、华虫、黼、黻8种章纹在龙袍的上衣上；其余4种章纹藻、火、宗彝、米粉在龙袍的下裳上，并配以五色祥云、蝙蝠等。

这些各具含义的纹样装饰于帝王的服装，喻示帝王如日月星辰，光照大地。总之，这十二章包含了君王至善至美的帝德。

古代帝王龙袍上象征最高等级的龙纹的出现，表明我国源远流长的龙文化，在帝王服饰上得到了鲜明的体现，也是我国服饰艺术演化的重要标志。

知识点滴

传说从前有一条龙特别喜欢吃桃，就跑到王母娘娘的蟠桃会上偷了很多蟠桃吃掉了。王母娘娘发现后很生气，又不忍心处罚它，就将一块玉石变成了蟠桃的样子。

那条龙没有发现，就将玉石也吞入了肚中。结果，又冷又硬的石头让这条龙觉得非常不舒服，它一反胃，就把那块石头吐了出来。据说那块石头落到人间之后，经受风吹雨打也丝毫不受侵害，后来从石头中蹦出来一只猴子，名叫孙悟空。

三大九龙壁的神奇传说

　　九龙壁不仅象征九州，而且象征生命的绵延与顽强。北京故宫、北海和山西大同九龙壁，它们并不仅是一个艺术品，而是有其龙文化含义在内。

　　北京故宫的九龙壁位于紫禁城宁寿宫区皇极门外，是我国的三座

九龙壁中最著名的一座。壁长29.4米，高3.5米，厚0.45米，是一座背倚宫墙而建的单面琉璃影壁，是乾隆皇帝于1772年改建宁寿宫时烧造的。

九龙壁上面的9条龙，形体有正龙、升龙、降龙之分，每条龙都翻腾自如，神态各异。为了突出龙的形象，工匠们采取浮雕技术塑造烧制，富有立体感，并采用亮丽的黄、蓝、白、紫等颜色，使九龙壁的雕塑极其精致，色彩甚为华美。

九龙壁的上部为黄琉璃瓦庑殿式顶，檐下为仿木结构的椽、檩、斗栱。壁面以云水为底纹，分饰蓝、绿两色，烘托出水天相连的磅礴气势。

九龙壁的下部为汉白玉石须弥座，端庄凝重。壁上9龙以高浮雕手法制成，最高部位高出壁面20厘米，形成很强的立体感。纵贯壁心的山崖奇石将9条蟠龙分隔于5个空间。

九龙壁上，黄色的正龙居中，前爪作环抱状，后爪分撅海水，龙

身环曲，将火焰宝珠托于头下，瞠目张颔，威风凛然。左右两侧各有蓝白两龙，白为升龙，蓝为降龙。左侧的两条龙龙首相向；右侧的两条龙背道而驰，4条龙各逐火焰宝珠，神动形移，似欲破壁而出。

外侧的双龙一黄一紫，左端黄龙挺胸缩颈，上爪分张左右，下肢前突后伸；紫龙左爪下按，右爪上抬，龙尾前甩。两条龙动感十足，争夺之势活灵活现。右端黄龙弓身弩背，张弛有度，腾挪跳跃之体态刻画生动；紫龙昂首收腹，前爪击浪，风姿雄健。

阳数之中，九是极数，五则居中。"九五"之制为天子之尊的重要体现。北京故宫九龙壁整座影壁的设计，不仅将"九龙"分置于5个空间，壁顶正脊也饰9条龙，中央1条坐龙的两侧各4条行龙。

九龙壁的两端戗脊异于其他庑殿顶，不饰走兽，以行龙直达檐角。檐下斗栱之间用45块龙纹垫栱板使整座建筑以不同方式蕴含多重"九五之数"。此外，九龙壁的壁面共用270个塑块，也是"九五"的倍数。为了不损坏龙的头面，分块极为讲究。

北京故宫九龙壁的壁面上，从东数第三条白龙的腹部是用木料雕成型后钉上去的，其中还有一个扣人心弦的故事。

传说当年在烧制这座九龙壁的时候，由于工艺要求极高，烧制难度极大，工匠们忙得头昏眼花，一不小心把烧制这条白龙龙腹部分的琉璃砖摔坏了。由于当时已经没有足够的时间再烧制琉璃砖了，大家都十分着急。

这时，一位木匠总管冒着欺君之罪杀头的危险，连夜用金丝楠木雕刻成了那块龙腹，钉补上去，刷上白色油漆，使之同原来的白龙腹颜色相同，终于瞒过了前来检查的官员和皇帝，并使工匠们免去了一场灾难。

即使已经瞒天过海，工匠们说起这件事仍然是一身冷汗。他们以此为鉴，时时不忘嘱咐小学徒们说："做活一定要认真仔细啊！千万

不可马虎急躁！"

由于北京是多个朝代的王朝古都，堪称"真龙天子"聚集的所在地，因此蕴含的龙文化自然也是首屈一指的。

北京的北海也有一座九龙壁，是我国的九龙壁中最有特色的一座。它建于1756年，高5米，厚1.2米，长27米，两面有龙，升降各异，互不雷同。两面有由琉璃砖烧制的红、黄、蓝、白、青、绿、紫七色蟠龙18条。

北海九龙壁为五脊四坡顶，正脊上两面各有9条龙，垂脊两侧各1条，正脊两吻身上前后各1条。吞脊兽下，东西各有一块盖筒瓦，上面各有龙1条，5条脊共有龙32条。

北海九龙壁的252块筒瓦、251块陇陲、斗拱下面的82块龙砖上也都各有1条龙。如此算来，共计有龙635条。

这就让人感到奇怪了，既然称作九龙壁，为什么北海的这座九龙壁中的龙却大大超过"9"这个数字呢？这个怪事背后有一段鲜为人知的故事。

下令修建这座北海九龙壁的是乾隆皇帝。相传有一天，乾隆皇帝正在北海附近散步，突然，天空阴云密布，好像就要下大雨了，于是乾隆皇帝快步走到北海边上的一座亭子里面躲雨。

就在乾隆皇帝刚刚走到亭子里面的时候，天空便电闪雷鸣，地上狂风大作，瞬间，倾盆大雨下来了。这时，乾隆的随从惊呼："皇上，您看天边，有人驾着彩龙过来了！"

乾隆顺着随从所指的方向看去，果然看到远方的闪电划过灰暗的天空，留下了一道道瞬间即逝的金色线条，远远看去就像一条正在翻腾的金龙。由于灰云浓厚，闪电又来得又快又急，像是有人在驾驭这

些金龙一样。

乾隆皇帝想到这，并没有像随从们那样惊喜，他一反常态，勃然大怒说："何人如此大胆，竟然驾龙，这不是要骑在我的身上吗！"随从们一听这话，面面相觑，吓得大气不敢出。

就在这个尴尬的时候，也是乾隆的随从生死攸关之时，刑部尚书刘统勋来了。他是乾隆前期最为重要的内阁学士。当刘统勋知道乾隆皇帝发怒的原因之后，就跪在乾隆的面前说："恭喜皇上，这是吉祥兆头！"

乾隆面带怒气又疑惑地看着刘统勋说道："你说这话是有什么凭据吗？"

刘统勋急忙回答道："当然有了，自古说龙生九子，可皇上治理的天下昌盛，以至于感动上苍，这才降下无数龙子，可见，皇上不仅能够统辖人间，现在连上天都在您的控制中了，这难道不是可喜可贺的事情吗！"

乾隆一听，想到自己能统辖人间和天上的龙，心里马上轻松了不少，也不生气了。

第二天，乾隆对负责修建北海九龙壁的主管说："上天都归我管了，所刻龙的数量就不要有什么拘束了。可如果把已经刻好的龙拆毁再重新建，那就太耗费民财和民力了。你就尽可能多地在已经建好的地方刻上龙吧！"

负责修建九龙壁的官吏听后，就让工匠在他认为能刻龙的地方都刻上，最后便有了九龙壁的635条龙了。

虽然九龙壁上刻了很多的龙，但是其正面只有9条腾云驾雾的大龙，因此，被称作九龙壁也就不为过了。

由于矗立在北海边上，因此自从北海九龙壁建好之后，就有人说九龙壁因水而动，时常变换自己的姿势，颇有些灵气了。由此以后，北海九龙壁的龙会动的这个传说就一代一代传下来了。

山西大同有一座九龙壁，是我国建造最早的九龙壁。这座九龙壁并不是最高等级的龙，它的主人也不是"真龙"，其规格等级都要远远低于北京后来建造的两座九龙壁。不过这座九龙壁是当时的皇帝朱元璋赐给自己的第

十三个儿子的。由于是建造给王爷的，因此这座九龙壁上的龙只有3个爪子，寓意比五爪真龙低等的地位。

朱元璋的这第十三个儿子名叫朱桂，因为没有杰出才能，几经沉浮被封为了代王。这个代王有一次看见故宫的九龙腾飞纹样那威风凛凛的样子之后，十分心仪，一回到山西就开始张罗人手，修建自己的九龙壁。

朱桂把山西琉璃派中的怀仁吴家窑琉璃匠的吴氏父子三人召来后，由于爱好排场，这位代王要求他们为自己烧制的九龙壁一定要比燕王府的龙壁长两尺、高两尺、厚两寸。工匠们无奈，只好应允。

半年以后，代王要求的这块九龙壁建成了，壁长45.5米，高8米，厚2.2米。端礼门外张灯结彩，鼓乐齐鸣。代王朱桂、老将军徐达及其女儿王妃徐氏登上城楼凭栏观赏，果然高大雄伟，辉煌夺目。

阳光下，九龙壁壁顶的琉璃瓦光彩耀眼，正脊上的2条金色卧龙，

栩栩如生。壁面上9条琉璃彩龙，或盘曲回绕，搏浪嬉珠，或昂首奋身，吞云吐雾。巨大的须弥座，上面中腰雕刻着狮、虎、象、鹿、狗、麒麟、飞马，有的奔腾如飞，有的翘尾回首，还有的款步而行，形象十分生动。

代王高兴得酒性大发，狂饮一番，大声叫好。一会儿，浓云密集，天空阴沉，下起雨来。代王命人秉灯点烛，不一会红烛高烧、宫灯齐亮，透过雨帘，彩壁上九龙浴水，扑朔迷离，别有一番情趣。所以有雨中戏龙一说。

代王又叫了一声好，忽然空中电闪雷鸣，接连三声霹雳震耳。朱桂一惊，酒杯失手落地。他仿佛看见从天上下来一黑一黄两条飞龙，在壁前吐水如泉。

原来，这是因为天上的真龙听说有人想以不够资格的四爪龙挑衅，企图顶替打压故宫中的九龙壁，因此前来警示代王。龙的威严不可侵犯，九龙壁更不是凡人可以建造的。

在两条龙的翻滚之中，几道闪电劈了下来。代王十分惊恐，爬到桌子底下躲避。

不一会儿，两条龙消失了，只剩下天边烧得通红的晚霞。

代王忙命人前去打探龙壁有无伤痕。回来的人禀报，龙壁之后的金泊仓三步之内被霹雷砸出了两眼井，井水一甜一苦。九龙壁前也被炸雷轰了一个坑，里面集满了一汪碧水。

代王心里又惊又怕，又不想让别人知道自家的九龙壁遭了天谴被人笑话，就在壁前让人砌了一个水池。从此，那9条龙倒映在水中，风吹水动，像游龙戏水，水池映衬着它们的4个爪子。

以上这些，就是我国的"三大九龙壁"。我国的龙壁有一龙壁、三龙壁、五龙壁、七龙壁、九龙壁等多种形式，这几种形式以九龙壁最为尊贵，在古代被建造在皇帝、王后以及亲王的宫殿正门的地方。

随着社会的发展，九龙壁的图案不再是皇帝、王爷的专属物，成

　　了百姓住宅中影壁的一种，在寺院里面也经常可以看到九龙壁。

　　九龙壁主要使用琉璃、彩绘、砖雕等材质制作完成，整体有着极高的艺术价值，这几种里面尤其数琉璃制作的九龙壁最为有气势，色彩也更加艳丽，是我国影壁、照壁建筑艺术的一大发展。

　　　我国南朝梁有一个叫张僧繇的画家。传说他在一个寺院的墙上画了四条龙，这四条龙都没画上眼睛。有人问他："为什么不给龙画上眼睛呢？"他说："画上眼睛，龙就会飞去。"

　　　听的人不相信，偏要让他画上。张僧繇没有办法，只好用毛笔在龙头上点上了眼睛。谁知道，刚点完两条龙的眼睛，天上就电闪雷鸣，刮起了大风，下起了大雨，墙壁也震破了，那两条龙腾空而起，飞到天上去了，墙上就只剩下没点眼睛的两条龙了。

知识点滴

源远流长的龙文化内涵

我国龙文化源远流长，龙的形象已经深入到了社会的各个角落，龙的影响波及文化的各个层面，呈现出多彩多姿的景象。

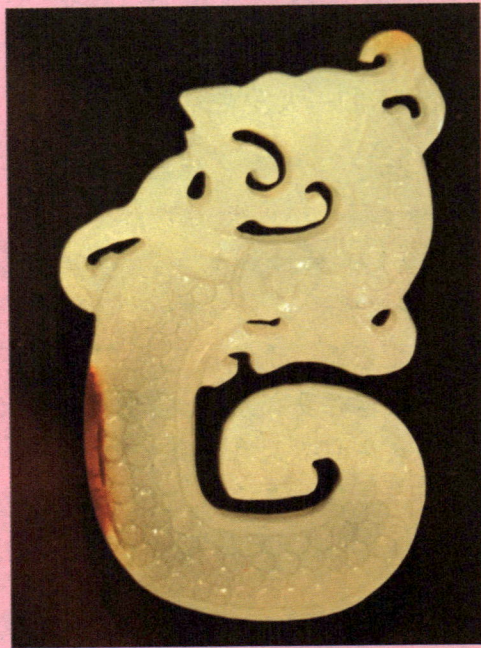

诗歌是我国文学中出现最早的形式，在上古的诗歌集《诗经》中，就已有关于龙的描述："龙旗十乘"、"龙旗阳阳"，展示了在盛大的祭祀活动中，绘有龙纹的旗帜迎风猎猎的神圣庄严场面。

在春秋战国时兴起的《楚辞》中，龙也是诗人幻想咏颂的对象。伟大的爱国主义诗人屈原在脍炙人口的《离骚》中，以真

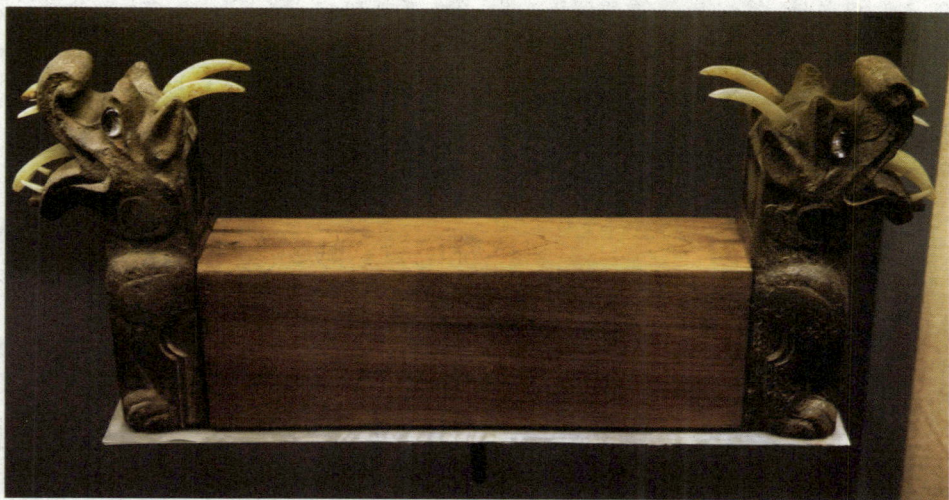

挚的语句、丰富的修辞表现了他崇高的人格和强烈的忧国情怀。

当屈原讲到他因不见容于楚国的群小而欲上天去求贤女、圣妃时，幻想自己也如仙人那样驾起龙车在彩云中遨游：

> 为余驾飞龙兮，杂瑶象以为车。
> 何离心之可用兮？吾将远适以自疏。
> 屯余车其千乘兮，齐玉𫐄而并驰。
> 驾八龙之婉婉兮，载云旗之委蛇。

这段话的意思是说，为我驾起那矫健的飞龙，乘上玉与象牙装饰的车辆。君臣心志不一，又岂能共处？不如我自己离去，适彼远方！我的车队有千辆，排列整齐，队伍威武，隆隆驱驰。每辆车有八条蜿蜒的神龙牵曳，车上飘动着五彩的云旗，我就这样远离人间而去。

在屈原的另一组诗《九歌》中，屈原将民间祀神的巫歌进行了艺术的加工，注入了自己的炙热的情感，使诗句充满了奇幻瑰丽的浪漫

色彩。诗中描写的仙人，大都有驾龙的神车，因而诗中有不少涉及龙的诗句。

汉代以后，由于帝王们的倡导和喜爱，赋这一文学体裁得到了很快的发展，但内容与风格上则变得绮丽空虚、百般铺陈，成了歌功颂德的文体。由于当时瑞符之说大行，而瑞符又以龙为最，于是，龙成了赋的主要题材。

唐宋时期的赋中也不时出现所谓的"龙赋"，个别大作家手笔的龙赋别有一番气象。如白居易的《黑龙饮渭水赋》，尽管完全是诗人的想象，但给人栩栩如生、神态毕现之感，有相当文学价值。"唐宋八大家"之一的王安石作《龙赋》，以龙喻人，别开生面。

在古代七言与五言诗歌中，诗人们大多是以龙喻人，直接咏龙并不多见。

唐代诗歌总集《全唐诗》中，仅收录了唐初诗人李峤的一首《龙》。

> 衔烛耀幽都，含章拟凤雏。
> 西秦饮渭水，东洛荐河图。
> 带火移星陆，升云出鼎湖。
> 希逢圣人步，庭阙正晨超。

除了这类在内容与艺术上直接描述的龙诗之外，还有一些描写与

"龙"有关的自然现象和民俗活动的诗，由于作者细致的观察，显得生动、真实、细腻，有较高的艺术性。比如宋代欧阳修的《百子坑赛龙诗》，描写的就是民间祈雨的情景：

明朝老农拜潭侧，鼓声坎坎鸣山隅。
野巫醉饱庙门合，狼籍乌鸟争残余。

在这首诗中，欧阳修先写了降雨情形，然后写了祈雨灵验、农民万分欢欣的场面，场景活灵活现。

再比如陆游《龙挂》诗中，有"山摧江溢路不通，连根拔出千尺松"的句子，表面上写龙形容的实际上是龙卷风。诗句将龙这种神兽与自然力量相结合，使令人惊悸的气势和破坏力跃然纸上。

在我国古代小说中，龙也是个重要角色。我国小说源于"志怪"与传奇，而志怪传奇又与古代神话传说有渊源的关系，因此神话中的龙也就进了小说。较早的有《搜神记》、《续玄怪录》、《宣室志》等，最精彩的，是李朝威所著的《柳毅传书》。

《柳毅传书》中书生柳毅落第回乡，途经泾阳遇一龙女，发现龙女受夫家虐待，被赶到荒野上牧羊。柳毅同情龙女的遭遇，就替龙女给她的父亲洞庭君传信。

洞庭君的弟弟，也就是龙女的叔叔钱塘君性格急躁，听说侄女受欺负后十分生气，直接跑到泾阳处罚了龙女的夫家人，把龙女接回了龙宫，并要将龙女嫁给柳毅。

由于龙女父亲洞庭君嫌弃柳毅是个凡人，因此对他言辞傲慢，使柳毅很反感，就果断地拒绝这门亲事。可是龙女早已爱上了柳毅，就化成凡人，变换自己的容貌自称是卢氏女，与柳毅终成眷属。

《柳毅传书》想象丰富，情节曲折浪漫，对龙女与钱塘君的刻画极为生动。这一故事广泛流传，以此为蓝本改编的戏曲元、明、清三代皆有。

明代神魔小说兴盛，小说对龙的描写及其情节多掺加了佛、道的内容，其中的龙往往是作者谴责、戏谑、嘲讽的对象。如《封神演义》中的"哪吒闹海"、《西游记》中的"魏徵斩泾河老龙"、"孙悟空龙宫索要如意金箍棒"等。

清代小说现实主义艺术倾向强烈，出现了《红楼梦》这样的鸿篇巨制，以神魔为角色的小说急剧衰落。龙遭到冷落，只有蒲松龄的《聊斋志异》有10余篇与龙有关。虽然大多是乡间市井之语，但因为蒲松龄文笔精练生动，描写神韵盎然，文章十分精彩。

龙对我国戏曲艺术也产生了重要影响。在戏曲中，直接以龙为角色、以龙的故事为情节的并不多，仅有《柳毅传书》、《张生煮海》和据《西游记》改编的《陈塘关》、《绝龙岭》、《钓鱼船》等数出。此外，以龙为名的戏目则不少，如《锁五龙》、《困龙床》、《龙虎斗》、《打龙袍》、《双龙会》、《龙凤呈祥》、《游龙戏凤》等。这类戏中所以有"龙"字，因为戏中的主角是有龙性的人物，多是帝王之属。

在我国的戏曲行业中，有不少名词术语行话与龙有关，如龙套、九龙口、合龙、二龙出水、水龙吟、回龙等。京剧的脸谱有龙纹的成分，京剧的服装，俗称行头，更离不开龙纹。

数千年的龙文化，在我国民间也有深厚的积淀。数不清的民风与民俗及民族节日与龙有关。汉族的正月十五元宵节，虽然节日来历与龙无关，但节日的庆祝则非有龙不可。

元宵节必舞龙灯，要扎鳌山或草龙，上布灯烛，二月初二为龙抬头日，旧俗在这一天要用草灰弯弯曲曲地由门外洒到厨房内，称为"引龙回"；小童在这一天开始入书房读书，称为"占鳌头"；读书人在这一天要理发，以取龙抬头的吉祥之意。

我国五月初五的端午节本来是源于远古的辟邪消灾的仪式，因为

古人以五月为不祥之月，所以从远古时期开始就在端午节那一天举行祭龙仪式，但这个节日后来被附会成了纪念投江而死的诗人屈原。

民间传说，在屈原投江后，楚国人非常悲痛，划舟救助不及，只好向江中投粽子，以求水中蛟龙不啮食屈原躯体，但也有人称屈原死后，楚人以竹简贮粉米投入江中祭祀，但大多被蛟龙吃了。

人们听说江中的蛟龙惧怕粽叶和五色线，于是改为以粽叶包米，用五色线捆扎，这就是粽子和端午系五色丝线的来历。这些说法孰是孰非已不可考，但都能看出与龙有关。

端午节赛龙舟在我国历史可谓悠久，其起源可能与上古时人们认为神仙乘坐龙舟飞行有关。古代赛龙舟的场面非常壮观，唐代大规模的龙舟赛，要有几十条龙舟参加。唐朝诗人张健封的《竞渡歌》，就描画了竞赛场面的精彩激烈：

五月五日天晴明，杨花绕江啼晓莺。
使君未出群斋外，江上早闻齐和声。

鼓声三下红旗开，两龙跃出浮水来。
掉影瀚波飞万剑，鼓声劈浪鸣千雷。

后来，龙舟竞渡不仅成为我国南方水乡端午节必然进行的一项庆祝活动，而且已经走向世界，成了海内外龙的传人团结一致、共同振兴中华的一个象征。

在我国少数民族中，与龙有关的节日与民俗更是举不胜举。

云南瑶族在正月初五过龙头节，备祭品祭祀龙王。哈尼族也有类似的节日。

贵州侗族在二月初二这一天要接龙，这一天全寨人要杀掉一头牛，每户分一块牛肉，名为"吃龙肉"。吃肉时还要唱五龙归位的酒歌，最后要将牛角埋于地下。

湘、黔交界地区的苗族在五月初五这一天过龙船节，在清水江赛龙舟，并伴有其他的庆祝活动。云南河口的瑶族有龙母上天节和龙公上天节。

鄂西土家族的六月初六日为晒龙袍节，这一天家家都要将新衣物放在太阳下曝晒，同时还要有祭祀活动，并依据这一天的阴晴来判断下半年的雨水情况。

云南普米族每家都在深山密林处有自家的"龙潭"，到祭潭之时，每家都要到自己的龙潭边上住3日，并搭成一个"龙塔"，作为龙神居住的宫殿，然后将祭品献于塔前，再由巫师祈祷，求龙神福佑。仪式结束后，向龙潭投入用面和酥油制成的面人50个。

我国各民族与龙有关的节日及风俗各有不同，各有特色，但又都

是建立在上古时的龙能施水布雨、能福祸人间这一概念之上的，反映了中华民族文化多样性中的同一性，个性中的共性。

在我国的各个省区，都有与龙相关的名胜古迹或山川湖泊，每处又都有一段美妙的传说故事。龙与不少行业也有联系，这些行业往往以与龙有关的对联作为行业的标志。

这些对联对仗工整、音律和谐，用语精巧，读来妙趣横生。比如书店的对联会巧用"鲤鱼跳龙门"的典故招揽生意说：

广搜百代遗编，迹追虎观；
嘉惠四方来学，价重龙门。

一些珠宝店也会借用传统神话中，龙宫之中潜藏珍宝的说法来夸耀自家的珍贵首饰。可见，龙在我国文化中，几乎无处不在。

知识点滴

相传在龙门还未凿开的时候，伊水被龙门山挡住了，就在山南积聚了一个大湖。居住在黄河里的鲤鱼听说龙门风光好，都想去观光，但龙门山上无水路，上不去。

无奈之下，一条红鲤鱼不惧危险，决定跳过龙门去。当红鲤鱼一鼓作气跳到龙门内的半空中时，一团天火从身后追来，烧掉了它的尾巴，红鲤鱼就变成了一条巨龙。其他鲤鱼们看到之后受到鼓舞，开始一个个挨着跳龙门山。可是除了个别的跳过去化为龙以外，大多数都过不去。后来，唐代大诗人李白写诗道："黄河三尺鲤，本在孟津居。点额不成龙，归来伴凡鱼。"

舞龙习俗

　　舞龙俗称玩龙灯，是我国民族传统体育项目之一。每逢喜庆节日，尤其是在元宵节期间，很多地方都有舞龙的习俗。中华民族是世界上人口最多的国家，世界上凡是有华人居住的地方都把"龙"作为吉祥之物，在节庆、贺喜、祝福、驱邪、祭神、庙会等期间，都有舞"龙"的习俗。

　　在舞龙时，舞者在绣球的引导下，手持龙具，随鼓乐伴奏做各种动作，完成龙的游、穿、腾、跃、翻、滚、戏、缠，及组图造型等动作和套路，充分展示了龙的精、气、神韵。

舞龙习俗的起源与传说

　　舞龙又叫龙舞、玩龙、龙灯、龙灯会、耍龙、玩龙灯、盘龙灯、闹龙灯等。从目前所有的资料看，龙的起源远远早于龙舞的出现，也就是说，人们认为人类的求雨仪式是最古老的祭祀仪式之一，而龙的形象一直和求雨有十分密切的联系。

关于舞龙的起源，有这么几个传说。说是在很久以前，浙江的苕溪岸边有个荷花村，村前有一个荷花池，池塘里长满了荷花。每到夏季，碧绿的荷叶铺满水面，无数朵出水荷花，袅袅婷婷，鲜艳无比。

在荷花池边，住着一对勤劳善良的青年夫妇，男的叫百叶，女的叫荷花，夫妻俩男耕女织，相敬相爱。这一年，荷花怀了孕，过了10个月，孩子却没有生下来。又过了一年，还是没有生下来，直到第999天，才生下了一个男孩。

百叶见孩子生得端正健壮，心里好生喜欢。但是再仔细一瞧，不禁大为惊愕，只见这孩子的胸口脊背上长着细细的鳞片，金光闪闪，耀人眼目，数一数，竟然共有999片。

旁边的接生婆细细一端详这个孩子，不禁大吃一惊，嚷道："哎呀，了不得，荷花这是生了个龙神啊！"很快，消息传遍了整个村子，人人都前来道贺。

这个消息很快就惊动了村里横行霸道的老族长，他的身边有一个丑孙子。这祖孙俩一听说百叶家里生下龙种，于是立刻手持钢刀要来砍杀。

　　乡亲们得到了消息，马上开始商量对策，最后想出一个办法说，将孩子放在盆里，悄悄把他藏到门前的荷花池中。

　　这时，老族长和他的孙子带人冲进门来，孩子已经不见了。老族长见找不到龙种，于是便抓住百叶，逼他把孩子交出来。孙子见荷花长得美丽，心生一计，举起钢刀就杀死了百叶，把荷花抢到了家里。

　　老族长心想：龙种没有了爹娘，即使活着，也必定会饿死。再说荷花会生龙种，将来龙种要是生在我自己家里，这天下岂不就是他家的了。

　　荷花被抢到老族长家里后，非常想念丈夫和孩子，心里十分悲痛。老族长逼着荷花去淘米，荷花拖着淘箩走到池边，轻轻地搅动池水。忽然，一阵凉风吹来，在荷塘深处，花叶纷纷倒向两边，让出一条水路来。

　　荷花抬头一看，自己的儿子就坐在盆里，安然无恙地向她漂过来。荷花真是又惊又喜，连忙将儿子抱到怀里，喂饱了奶水，然后仍然放回盆里，一阵凉风吹来，盆又漂回到了荷花丛中。荷花知道自己的儿子没有饿死，心里十分高兴。

从此，荷花一日3次到池中淘米，就给儿子喂上3次奶水。这样喂了999天后，荷花的儿子渐渐长大了，满身龙鳞金光闪亮。到了夜里，这身金光在荷花池中光芒四射。

村子里的老百姓知道龙种没有被灭掉，心里都暗暗地高兴。老族长得知龙种竟活着并且在荷花池中，随即又生毒计。

一天傍晚，荷花又到池边淘米。老族长祖孙两个躲在杨树丛里察看动静，只见碧波荡漾，花叶浮动，一阵凉风吹来，荷塘深处徐徐漂来一只盆，盆中坐着个满身金色的孩子，欢乐地举着双手向淘米的荷花扑过去。

荷花满心欢喜，正要伸手去抱，只见杨树丛中闪出个人来，举起明晃晃的钢刀直向孩子砍去。刹那间，只见孩子从盆里猛地跳起来，化成了一条金色的小龙，向池中跃去。

　　可是还是迟了，那一刀砍到了小龙的尾巴上。这时，荷花丛中停着的一只美丽的大蝴蝶，忽然飞过去，用身子衔接在小龙的尾部上，一对美丽的翅膀就变成了小龙的尾巴。

　　小龙长吟一声，霎时间，狂风大作，乌云翻滚，满池荷花的花瓣纷纷扬扬地飞旋起来。在霹雳闪电之中，小龙的身体渐渐变大了，变成了数十丈长的巨龙，在荷花池上空翻腾飞跃。

　　这时，一阵龙卷风卷了过来，小龙腾空而起，乘风直上，飞入云端。这阵龙卷风好不厉害，那个砍龙尾巴的人被卷到了半空中，被抛得无影无踪。

　　老族长见孙子被风卷走了，随即"噗通"一声，吓得跌进荷花池淹死了。

　　荷花看见儿子化成一条蛟龙飞上了天空，她大声呼喊着，但小龙已经飞得无影无踪了。

自此以后，茗溪两岸每逢干旱，小龙就会来布云播雨。

当地百姓为了感谢小龙，就从这个池中采摘了49朵荷花，用了999叶花瓣，制作成一条花龙。因为不到1000叶，所以取名百叶龙。

从此，每年春节，老百姓就要敲锣打鼓来舞龙，这一习俗便沿袭了下来。

还有人说，舞龙的起源是这样的：在浙江金华县有一座奇灵山，山下有一条名叫"灵溪"的大溪流，人们每年都用灵溪的水来浇灌稻田。

有一天，县老爷和衙役正在巡视乡野的时候，忽然看见几名大汉扛着一个大笼子，上前一看，才知道笼中是一条大蛇，而且大蛇还在流着眼泪。

县老爷看了之后，不禁动了恻隐之心，于是就对几位大汉说："壮士们，这条大蛇能否卖给我？"几位大汉见县老爷要买这条大蛇，连忙应允。

县老爷将大蛇带回家中饲养，起初县老爷命人喂生肉给大蛇吃，结果大蛇都不吃。后来才知道大蛇只吃米粮，和人类一样，这种事让衙门中的人连连称奇。

日子一天天过去了。这

年，夏天特别炎热，又不曾下雨，灵溪渐渐干涸了。百姓们天天对神明祈祷，希望老天爷能够降甘霖，以解干旱之苦。

县老爷见到这种情形，心中十分忧虑，天天对上苍祈祷：但愿上天早降甘霖，解我一县百姓干旱之苦啊！

一天夜里，县老爷做梦梦到了本县的土地公。土地公对他说："由于你的善心感动了玉皇大帝，明天中午把大蛇放入进灵溪，自然就会有雨水降临。"

县老爷醒后，便马上派人到灵溪烧香祝祷，并将大蛇放入灵溪当中。过了几天，果然下起雨来了，解了百姓的干旱之苦。

后来，人们为了答谢大蛇，不但烧香祭拜，还将大包大包的米丢进溪里，希望来年有个大丰收。

就在人们用米祭拜大蛇的同时，天气变得很奇怪，不是一连几天太阳将人晒伤，就是大雨连绵不断，此景让百姓们忧心忡忡。

一天，县老爷正在书房，为这几天来的怪天气烦恼时，忽然瞥见大蛇回来了。

大蛇对他说："我原本是奇灵山的巨龙，也是掌管米粮的天神。由于不慎犯了天规，被玉帝贬到人间来。后来，由于你的善心感动了玉帝，才让土地公放了我。但是，大家都把米粮丢进溪中祭拜，糟蹋了粮食，玉帝知道后大怒，要罚金华县大旱两年。"

县老爷一听，大吃一惊，连忙问道："有没有补救的方法呢？"

大蛇说："只要今后祭祀只用清水便可，不要用鸡、鸭、鱼、肉，以免玉帝动怒。"

县老爷听完，谢过大蛇之后，便下令全县老百姓照大蛇的话去祭祀。但是，县里还是有些人并不遵照大蛇的指示，依然用鸡、鸭、鱼等荤食祭祀。

玉帝知道后，大为震怒，说："灵溪巨龙，你不是说金华县的人民已经知道悔过了吗？金华县的人民还在继续糟蹋粮食。来人，将灵溪巨龙斩了！"

就在巨龙被斩后，金华县天天下红雨，颜色简直和血一般。属下

将这奇怪的现象禀告给县老爷，并且说："还有一件奇怪的事，就是在灵溪的岸边，从天上落下一条被分割的巨龙身体。"

县老爷听完后，连忙赶到了溪边，一看，大声惊呼："这不是我的大蛇吗？我只知道人间难辨忠奸，岂知天上也是是非不分啊。巨龙啊巨龙，都是我们害了你呀！"

后来，人们知道后，都十分后悔曾经不听劝告。因此，每逢正月十五，乡亲们便舞龙，希望巨龙的身躯能接合起来，舞龙的习俗就流传了下来。

关于舞龙的来历，民间还有这样一个传说：一天，龙王腰痛难忍，龙宫中的所有药物都吃了，但是仍不见效。于是，龙王只好变成老头，来到人间求医。

当地有位神医有如华佗再世，一般人的病只要观察一下面色，就能将病情摸透八九分。这位神医给龙王把脉后，知道这个老头不是凡人，就说："您这样子我没法下药方。要是想让我医治，您还是现出原形吧！"

龙王听了这番话后，就瞬间变成了一只巨龙。神医再次为龙王把脉后，就开始在龙王的身体上摸索起来，最后从龙王腰间的鳞甲中捉出一条蜈蚣。经过拨毒、敷药，龙王完全康复了。

为了答谢治疗之恩，龙王对神医说："您治好了我的病，我一定要报答。从今以后，只要照我的样子扎龙舞耍，就能保证此地风调雨顺，五谷丰登。"

这件事传出后，人们就开始按照龙的样子制作出了舞龙，每逢干旱就舞龙祈雨。

传说五龙庙5位龙爷中数白龙最小，大家都叫它小白龙。它生性活泼，喜欢异想天开，弄奇作怪。一日，它在五龙潭戏耍，突发奇想，一跃而跳上悬崖，摇身化作一个英俊少年，自称"龙娃"，连蹦带跳地走进龙潭峡谷里。他突然发现满沟海棠花鲜艳夺目，就把海棠轻轻拔下，趁着根上带的那一点点泥土，一棵一棵地沾在峡谷的石壁上。

这海棠一沾上石壁就活了，而且活得那么旺盛，那么有精神，原来光溜溜的石峡，一下变成了锦峡绣谷，充满了生机。

我国舞龙传统的发展

从远古时代开始，舞龙活动就开始出现了，并且一代又一代地流传了下来。传说，早在黄帝时期，在一种名为《清角》的大型歌舞中，就出现过由人扮演的龙头鸟身的形象，其后又编排了6条蛟龙互相

穿插的舞蹈场面。

从我国舞龙传统发展历史来说，恐怕没有哪个朝代比汉代更加重要。因为汉代出现了形式比较完整的舞龙形象，并有了非常明确的舞龙求雨记载。

西汉思想家董仲舒在《春秋繁露·求雨篇》中，记载有：

鳏者九人，皆斋三日，服白衣而舞之……舞龙六日……以壬、癸日为大黑龙。

此文中出现了"舞龙"一语，对舞龙的细节，没有详细的描述。但从中能够知道的是，舞者的衣服与所做的龙颜色一致，舞者为5人至9人，人数与龙的长度成正比。

汉代五行思想的盛行，也在舞龙祭祀中体现出来，也就是所谓：

春舞青龙，夏舞赤龙和黄龙，秋舞白龙，冬舞黑龙。祭祀时如果日子不同，所舞之龙的颜色也就不同，而且舞者人数也不同。

除求雨之外，舞龙还广泛存在于汉代盛行的"百戏"中。东汉张衡《西京赋》里记载了生动的"鱼龙曼延"之戏：

> 海鳞变而成龙，状婉婉以昷昷。舍利飐飐，化为仙车，
> 骊驾四鹿,芝盖九葩。蟾蜍与龟，水人弄蛇。奇幻倏忽，易貌
> 分形。吞刀吐火，云雾杳冥。画地成川，流渭通泾。

沂南墓画像石有个乐舞百戏图。从图上看，左为杂技表演和乐队，右为戏车和马戏，而"鱼龙曼延"之戏处于画面的中部，表明这是百戏中的主要节目。

其中，龙、鱼、豹、大雀从右向左耸踊舞动，龙在最前面。鱼龙

曼延之戏处于乐舞百戏图的中心，并以龙为首，反映了当时人们对龙舞的重视。

《汉仪》记述的百戏场面更大，舞龙也更壮观，龙长八丈，比沂南画像石刻的龙长得多，不可能由一两个人舞，必须有一队人协力合舞，其形式应当和后来的舞龙相近。在舍利兽、比目鱼的表演之后，舞龙以恢宏的气势，把演出推向高潮。

舞龙运动在汉代开始盛行，原因是多方面的。汉代社会经济有较大发展，国家强盛，艺术表演等文化娱乐活动有了坚实的物质基础。汉王朝与四方诸国交往甚多，在接待四夷使者时百戏大规模演出，也有耀武观兵之意。

此外，当时的汉王朝盛行神仙方术和广为宣扬的神灵怪异，因此在表演艺术中由人装扮或操纵那些现实中并不存在的神灵动物，这就是汉代的乐舞百戏中"像人之戏"的来源。

在这些"像人之戏"里，最受欢迎的就是鱼龙曼延了。在百戏盛行的汉代，鱼龙曼延作为百戏中的精彩节目而备受重视，也就是舞龙的前身。

汉代是舞龙显性发展时期。从汉代开始，我国的舞龙正式登上了历史的舞台，从此不断演变和发展。

在经历了魏晋后，舞龙被北朝的皇帝当成了保留节目。隋代是我国古代舞龙运动发展史中的重要一页，起着承上启下的作用。

经过南北朝多年的割裂和战乱之后，一统江山的隋代天下太平，平安享乐的思想在人们日常生活中弥漫开来。包括舞龙在内的演出曾有更为盛大的场面。

从演出的内容来看，隋代的舞龙与汉代的鱼龙曼延之戏非常相似：都是先由舍利兽的戏舞开场，激水、鱼嗽水或喷雾，化为八九丈长的黄龙，黄龙起舞，下面的节目都是绳技，演出时配以音乐等。

到了唐代，舞龙又迎来史册上辉煌的一页。唐代人民安居乐业的社会生活和农业生产的蓬勃发展，都给舞龙运动以发展的契机。这种情况被诗人描绘得十分生动，如兵部员外郎李约的《观祈雨》：

桑条无叶土生烟，箫管迎龙水庙前。
朱门几处看歌舞，犹恐春阴咽管弦。

这首诗用对比的手法，写出了处于旱情严重侵扰的农民们在"水庙"前舞龙求雨的情形，诗中对于旱情的描写虽然寥寥几笔，却非常传神。

这首诗中的"箫管迎龙"几个字，透露出此时的舞龙求雨，已经和从汉到隋的"百戏鱼龙"很不一样了，是一种具有独立表演性质的龙舞。

当然，龙和雨似乎天生就是紧密相连的，求雨时作龙、制龙、玩龙，是很古老的传统风俗。只不过唐代时农业获得了大发展，舞龙求雨的风俗也随之获得了生机。

这种情况渗透到唐代宫廷的重大祭祀活动中，每遇旱情，朝野都会采用舞龙的方式祈祷上苍降临甘霖。最盛大的莫过于朝

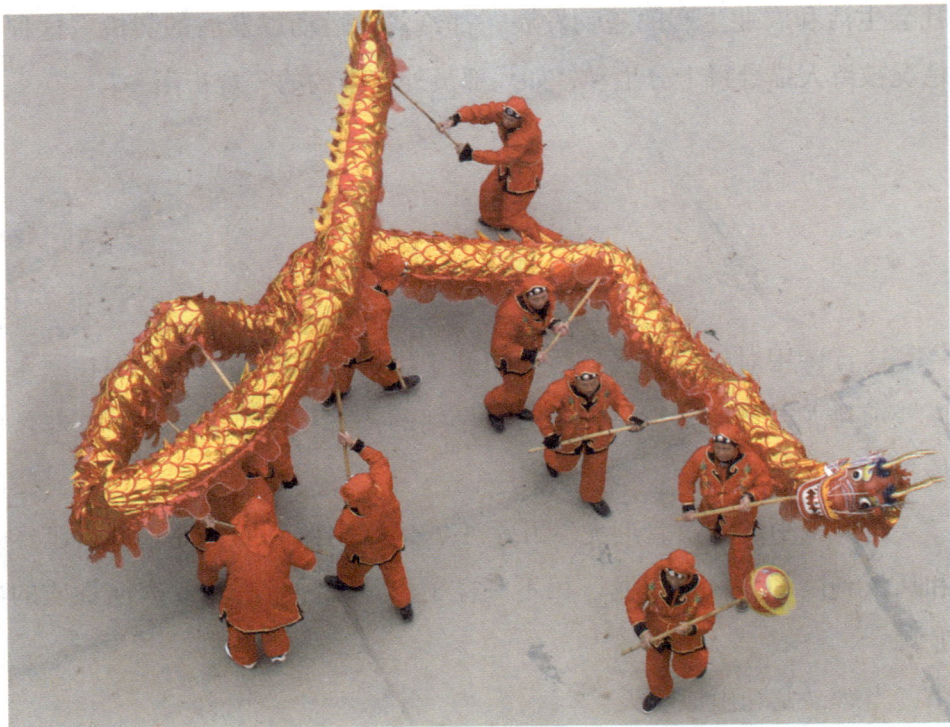

廷主持的"烛龙斋祭"。张九龄曾经作《奉和圣制烛龙斋祭》诗描写
祭祀的场面之盛大：

> 精意允溢，群灵鼓舞。
>
> 蔚兮朝云，沛然时雨。
>
> 雨我原田，亦既有年。
>
> 烛龙煌煌，明宗报祀。

　　唐代时的舞龙运动发展水平应相对较高，因为唐代舞龙已经有了
不少自身的变种，"烛龙"大概仅是基本舞龙形态的变化之一。

　　宋代又是深刻影响后来整个舞龙艺术的一个朝代。但是，作为舞龙运动来说，在宋代民俗艺术中虽有发展，但主要特征则是继承。

辛弃疾的《青玉案·元夕》，对正月舞龙表演的盛况作了准确描述，词曰：

东风夜放花千树。更吹落，星如雨。宝马雕车香满路。凤箫声动，玉壶光转，一夜鱼龙舞。

虽然这首词没有具体描述宋代鱼龙之舞是怎样舞，舞中有没有神妙的动作变化，但它确认了宋代鱼龙之舞的存在。

凤箫鼓吹，连绵不绝，月色之下，鱼龙舞长夜。新年除夕的盛况，人们尽情尽兴的情态，美丽的元夕月色，都在词家的笔下跃然而出。其中，"一夜鱼龙舞"中的"一夜"，点明了表演者和观赏者们

尽兴之极，欲罢还休。

到了元明两代，舞龙运动的内容更加繁多。诗人阎尔梅在《丙午元宵》一诗中写道：

八宝龙灯舞万回，灯光趵璨百花台。

八宝龙灯在元宵节期间演出，想必盛况空前。这首诗歌所描述的百花台，点明了元明时期的舞龙运动已经从根本上摆脱了求雨祭祀的活动目的而彻底转变成民间的一种娱乐活动。

清代"舞龙"在表演上追求形神兼备，特别强调回旋婉转之态，讲究飞腾冲天之象。所以明末清初文学家李渔在《龙灯赋》里说：

行将飞而上天兮，旦宇宙而不夜。

不则潜而人海兮，照水国以夺犀。

以种类看，清代舞龙是我国舞龙运动发展史上的高峰。这从清代舞龙种类之多也可以得到证明。以上诗句已经点到的有火龙、烛龙、龙灯，此外还有"竹龙"。清人吴锡麟有专门的《竹龙》诗曰：

岂是葛陂化，金鳞闪几重。笑他骑竹马，又欲舞仙筇。

赤手一群扑，青云何日从。叶公能好此，婉转叹犹龙。

舞龙的娱乐性、审美性的特征在以上诗句中传递得十分清晰，而这恰恰是清代舞龙对于我国古代舞龙的极大贡献。

传说，当年龙娃在龙潭峡谷，任兴之所至，事事成功，于是受到鼓舞，最后竟然冒险到天上为人间偷来了"天书"，因此触怒了玉皇大帝，惹下大祸。玉皇大帝派二郎神来抓龙娃归案，龙娃手拿"天书"和二郎神奋力相争，把天书抖落了一地。二郎神一怒之下杀了小白龙，弃刀于地，把散落的天书收拾起来，提着小白龙的头回天庭复命去了。

后来，女娲听说小白龙冒死为她的子民殉难，大为感动。于是，就收了龙娃的无头冤尸，唤回他的冤魂，封它为"无头冤神"，把他安放在山崖下的石洞中。

知识点滴

丰富多彩的舞龙习俗

　　在古人的心目中，龙具有呼风唤雨、消灾除疫的功能，而我国自古就是以农业立国，风调雨顺有着极为重要的意义。所以，古人极力希望得到龙的庇佑，由此也形成了多种祭祀时舞龙的习俗，同时伴随

着神奇的传说，被不断传承。

浙江开化的舞草龙又称草龙、稻草龙或香龙。草龙捆扎是以稻草搓成粗大的绳索，再扎成龙首龙尾，形同长龙，绳索上插上点燃的香枝。相传，唐代便有迎草龙送龙神的活动，一直延传至今。每年中秋之夜，苏庄镇各村农民高擎香火草龙，或穿梭于村中大道，或起舞于晒场田野。

传说朱元璋在苏庄镇毛坦坞口村休整时，当地百姓为他献了宝马，并在中秋佳节迎舞草龙。朱元璋非常高兴，认为这是做天子的预兆。登基后，朱元璋御敕当年舞草龙的毛坦坞口村为"富楼村"，并赐对联：

百世安居金溪富楼胜地

千年远脉越国传裔名家

中秋节晚上舞草龙，是浙江开化县苏庄镇各村村民的一件非常重要的事。

白天，全村老小抱来刚从田里收割的新鲜稻草，扎成一条长达80多米的草龙摆放在祠堂里，并在草龙身上插满纹香。当夜色降临时，村民聚集在祠堂里，拿着火把，当族长一声令下，全村人一拥而上，去点燃草龙身上的香火。

点香火的传统在于，据说，谁点燃的香火多，他家来年的收成就好。然后，村里的青年男女高举香火草龙，狂奔飞舞，穿梭在村庄小道上，起舞于稻田旷野中，皓月当空，火龙腾云驾雾，其景十分壮观。自此，舞草龙活动结束。

舞草龙的习俗在广西壮族自治区的阳朔县兴坪镇也流传已久，相传甚远。每年只有在正月十三到正月十五这段时间才舞草龙，并在晚上才舞，草龙全身用稻草扎成，龙身有15节左右，每节都插有点燃的香，龙身在舞动时，点燃的香随风飘动如流星般闪烁，非常漂亮。

每当草龙舞到某一户人家时，这家的人便会主动地为草龙插香和燃放鞭炮，以祈求来年平平安安，风调雨顺。

香火龙流传在湖南汝城，县志早有记载。汝城香火龙最早起源于祀龙止雨、祀龙止水，其形象主要来源于当地寺庙中有关龙的壁画和雕塑。

香火龙的制作材料，以当地所产的稻草、棕叶、楠竹、向日葵秆、特制的龙香为主，所用工艺也是当地传统的扎制工艺。

舞香火龙的招龙仪式，在每年正月的元宵节前后夜间进行。火龙有圆龙、扁龙，还有特制的龙，长度分为7节、9节、11节等，最高的4米多，最矮也有3米。

香火龙制作材料简单、制作工艺精巧、工艺流程复杂、造型威武、气势恢宏，展演程序清晰、香火明丽、气氛热烈、场景壮观、群众参与性强，是具有典型的地域标志性文化。

表演香火龙时，必有两龙，即母龙和子龙；两狮，即母狮和子狮陪随而舞，一狮在龙前引路，一狮在龙尾跟随。

香火龙的全身用竹子和稻草扎成。母龙长度一般为7节，子龙长度一般为5节，用当地特制的大约为半米长的"罗汉香"插满龙的全身。

当夜幕降临时，以土炮三响为号，鼓管弦乐器、花炮齐鸣，众人手持火把点燃龙身全部香火，抬龙出游，情景十分壮观。

香火龙的表演程序上有：翻滚、喷水、沉海底、跳跃、吞食、睡眠等动作。沉海底和吞食表演技巧上难度较高。引路和尾随的两头狮子，除各自做翻滚跳跃的动作外，还做些引龙和随龙护驾的动作。

民间舞香火龙常在虫灾发生的时候举行，点燃的香火插在龙身上，点点火光组成了一条金光闪闪的龙在夜空邀游。虫萤追逐龙身的点点火光飞来，香火龙穿过街巷，舞至田边地头，飞虫追逐香火，越集越多。

舞龙队伍在水塘边突然停下，猛地将草龙连头带尾，深深扎入水中，水淹没了龙，也淹没了飞扑香火的虫群。香火龙在除害虫这一点上，较其他形式的舞龙有更高的实用价值。

舞香火龙是汝城特有的一种民间艺术闹元宵的传统活动，全县所有村镇都舞香火龙，已有1000多年的历史。

浙江省流行的"百叶龙"，是一种构思和制作均极奇巧的龙。百叶龙，顾名思义，是由百叶构成。而此叶不是一般的树叶和茶叶，而是一瓣瓣荷花的粉红花瓣组成。那一瓣瓣粉红娇艳的荷瓣，组成一朵朵硕大的荷花，一朵朵硕大的荷花，串成一条条冲天而起的巨龙。

百叶龙由17人两手分持特制的道具表演。开始时，演员手持荷花、荷叶形的道具分开站立，边唱边舞，表现蝴蝶飞舞于荷叶和荷花丛之中。

片刻后，演员分别将特制的道具翻转成龙头与龙尾，其他人以荷花的道具相配合形成龙身，随即一条花龙腾空而起，舞蹈既优美又别致。舞者手执荷花灯、荷叶灯、蝴蝶灯，翩翩起舞。人们只见朵朵盛开的荷花，在片片荷叶中飘移和舞动，似一只美丽的蝴蝶在花丛中飞翔一样。

　　一段优美抒情的舞蹈后，舞者齐聚场中，突然间，一条巨龙在人们的眼前腾跃而出。原来那一朵特大的茶花灯，背面绘制的是一个辉煌壮丽的龙头，朵朵荷花紧紧相扣连，组成龙身，片片花瓣，变成龙身上的片片鳞甲，美丽的蝴蝶成了抖摆的龙尾，而荷叶则变成了朵朵白云。

　　那冲天而起的巨龙，在青翠滴绿的荷叶组成的绚丽云彩的簇拥下，俯仰翻滚，时而奋勇冲霄，体现无畏的力量，时而婀娜缠绵，表示有情有义的襟怀，给人以美不胜收的艺术享受。

　　事实上，制作百叶龙并不是很容易，长兴有一位出身梨园世家的石玉楼师傅，他家是造"龙"专业户。石师傅自小爱龙，凡游名胜古迹，必对龙的造型细细琢磨。

　　石师傅说，古时制龙都为四爪，清代开始才改为五爪金龙。为了能使百叶龙获得成功，他不知花了多少心血，光龙头就动了不少脑筋，一共有130多道工序，80多种材料，由一朵特大荷花精心构成。

至于龙的眼睛则难度更大，古人有画龙点睛之说，石师傅不仅能使龙眼有神，且开闭自如，眼珠又能转动，舞龙时，静则睡态可掬，动则活灵活现，栩栩如生。

龙鳞由900多片粉红色花瓣缀结，龙躯由大荷花分9段层层联结延伸，每段9朵荷花，每朵用60多片布或透明的双条彩绸制成的花瓣叠成，龙躯长十五六米。

百叶龙龙尾制作工艺很高，当两只蝴蝶在荷塘边舞动时，龙尾是蝴蝶，当一朵大荷花和彩蝶紧跟时，随着雷声大作，荷花变成巨龙，蝴蝶又转眼变成了刚劲有力的龙尾，与龙躯衔接。

整条百叶龙的各个部位都具双重性质，既是龙躯龙头又是荷花。别具一格和设计巧妙的道具，使百叶龙更具江南神韵和独特意境，堪称"江南一绝"。

　　烧火龙又叫"舞火龙"，是流传于广东丰顺一带的独特的民间传统项目，一般在春节和元宵夜举行。关于烧火龙，民间流传着许多故事。传说很久以前，丰顺一带来了条火龙，浑身喷火，兴妖作怪，从此，土地干裂，禾苗枯死，农民心焦如焚。

　　这时，一对年轻夫妻挺身而出，带领大家凿山引水。然而，水通了，火龙又来了，它张开血口，喷出烈火，烧死年轻夫妇，烤干了水的源头。

　　年轻夫妇留下的男孩张共，继承父志，到峨眉山求仙学法。3年后归来，与恶龙苦战三天三夜，用神火将恶龙烧死在洞里，他自己也力竭身亡。

　　从此，当地风调雨顺，五谷丰登。当地人民为纪念张共，庆祝丰收，每年元宵之夜要举行烧龙活动，年复一年，形成风俗。

烧火龙的"火龙"，是用纸扎成的，长 15米至20米，四周扎满五颜六色的鞭炮。起舞前，先燃响鞭炮，以引龙出海。然后一队赤膊袒胸和举着火棍的舞火龙者，随着快速的锣鼓声在场上快跑，反复3次，名叫"请龙"。

接着，火龙出场了，它在场上绕着大圈子，先从龙嘴中喷出火来，然后，龙身上扎着的鞭炮被点燃了，从头至尾，火光四射，霹雳连声。巨大的龙身就在烟火和爆响的包围之中，上下翻飞，左右腾舞，煞是好看。

此时，预先准备在场上的烟花架，朝天上射出串串烟花，五彩缤纷，璀璨夺目，从而把舞火龙推向高潮。

整个活动持续10多分钟，待烟火熄灭，火龙也被烧掉了，而舞火

龙者的胳膊上、胸脯上会灼起一个个血泡，血泡最多者为"吉利"。

舞火龙也是广东的大路边镇与星子镇中秋节的传统习俗。据说，舞了火龙后村子可以逢吉避凶，风调雨顺。

从中秋节起，连续3天，大路边镇与星子镇都会舞火龙，特别是最后一天，舞火龙会达到高潮：一条条的火龙走街串巷，给各家各户带来好运气，然后聚集到镇中心，集中舞蹈。

不少慕名而来的人们，都携带着鞭炮等候火龙的到来。旁观者用鞭炮往赤膊的舞龙者身上丢过去，鞭炮在年轻人的身上炸开。但是勇敢的舞龙者却不在意，而且欢迎你这样。只要鞭炮不停，火龙就会不停地舞下去。

第二天的白天可以看到带着一身伤口的年轻人，他们用红色的药草敷在伤口上，而在他们的脸上却呈现出一副自豪的神情。据说，谁脸上的药草敷得越多，来年的生活就越红火，运气越旺。

灯笼龙又叫"灯龙"，此种龙大都盛行在土家族聚居的集镇，一般在农历正月初三出灯，十五结束。灯龙由9节组成，意为老龙被斩为9段。龙头用竹条扎成架子，糊上白色清明纸，涂上各种颜色，形态逼真，有角、有嘴、有眼、有胡须。

龙身各节用细篾扎成圆筒形，外糊清明纸。龙尾亦用细篾扎成鱼尾形，用红布带将龙头、龙身、龙尾连接起来，并在龙头、龙身、龙尾各节内点一蜡烛灯，似为灯笼。

舞灯龙时非常热闹，前有2至4对排灯开道，标明此灯龙是哪个村寨或街道的巨龙，排灯后还有鱼、虾和蚌壳、灯笼等，在锣鼓、号角声中晃头摆尾，畅游各街头巷尾。

玩灯龙的动作有"黄龙下海"、"金龙抱柱"、"二龙抢宝"、"老龙翻身"、"金龙过海"等等。灯龙所到之处，鞭炮不断，烟花弥漫，围观者水泄不通。

有的人家为了迎接灯龙进屋，门前排列着大花筒鞭炮36对，鞭炮数万响，望胆大者进院一试。灯龙进入院内，四周门外的花筒炮、鞭炮腾空爆炸，烟花四起。此时，除灯龙各节有灯光外，其他灯光全

熄。灯龙在鞭炮与焰火余光中飞舞，十分壮观。

舞灯龙者，大多赤膊绑腿，与巨龙翻腾融为一体。灯不熄，龙不停，鞭炮不断。一旦灯龙口中喷水，主人便拉着龙须挂彩披红，用上等佳肴款待舞龙队伍。

如果舞龙者胆小，怕烟花、鞭炮，到门前没龙抬头敬礼则退场的话，就得不到主人的彩绸，品尝不到上等佳肴。所以，舞灯龙者，都是眼快手快舞技高强的能手。灯龙进院，尽管焰火横飞，都烧不着龙身和人体。舞技不强者，也有舞着巨龙进院，光着竹圈出院的情形。

灯龙玩到农历正月十五日结束，从正月十三至十五是烧龙日。烧龙，是在溪河边或有水的沟边进行，烧龙时，把龙放在地上，众人把事先准备的花筒炮、烟花和鞭炮等火花直对龙身喷去。待龙燃烧完后，众人"啊"声连天，尽兴跳跃一阵，将灯龙残骸送入水中，浇水冲去，意为送龙归海。

板凳龙也是一种舞龙运动，相传源于汉代，由"舞龙求雨"的宗教活动演变而来。

相传，在很久以前，遇上了大旱，东海的一条水龙不顾一切跃出水面，下了一场大雨，但水龙由于违反了天条，被剁成一段一段，撒向人间。

人们把龙体放在板凳上，并把它连接起来，人们称之为板凳龙。人们不分昼夜地奔走相告，希望它能活下来，舞板凳龙的习俗也由此产生。

龙舞还有"干龙"和"湿龙"之分，干龙多为娱乐，湿龙则为求雨。龙到之处，百姓必泼开水助威，舞者被烫得哇哇大叫，一身透湿。谁的叫声越高，谁家就越喜庆。

板凳龙有多种多式样的耍法，其中有独凳龙。一条家用普通花条板凳饰以彩龙，可由2人至3人舞。一人玩时，两手分别执前后腿。两

人玩时，一人执前两腿，另一人执后两腿。

3人玩时，前两人各以侧手执一腿，后一人双手执两腿。舞动时按照规定套路，合着鼓点，有规律、有节奏地舞出各种花样。

还有多凳龙，每人各举一凳。前一名示龙头，后一名示龙尾，其余为龙身。另由两人举宝珠逗引龙行进，数人协调行动，节节相随，时起时落，穿来摆去。

有时，一条龙从头到尾，要用80多条板凳相连，板与板之间用一木棍相连，每一个木棍有一人拿着，每条板凳上都扎着花灯以替代龙体，花灯上都画了自己喜欢的花、草、树、鸟等图案。

由于每只花灯都按自己的喜好所画，为此80多只花灯的图案竟各不相同，甚至五六条龙走在一起也找不出相同的图案。

到了夜晚，花灯内点燃烛光，形成一条长长的灯。还有篾扎板凳

龙，即用竹篾扎成龙形置于板凳之上，以木脚示龙爪，造型逼真。

耍板凳龙又分两种舞式，一为独凳龙，一为9节龙，即由9张板凳相接。耍独凳龙时，将板凳翻过来四脚朝天，一人出右手一人出左手合抓一头，第三人双手抓住另一头的两只脚。

耍起来时，要求头尾相顾，配合协调。当头高时尾要随低，头向左尾则随向右摆。头往上引，耍尾者松手换位。舞龙尾的角色必须由步法灵，速度快，眼力好的角色担任。舞龙头的两人要求身高一致。

耍9节龙，由9条长凳组成，第一节为龙头，第九节为龙尾，其余为龙身。龙头在耍宝人的带领下，时起时落，穿来拐去，活像出水蛟龙。整条龙要求配合默契，节节相随。

板凳龙动作有二龙抢宝、黄龙穿花、二龙戏水，金蝉脱壳，黄龙盘身等。

在板凳龙习俗中，较为有名的一个分支是江苏兴化沙沟的民间板凳龙。沙沟板凳龙源自明末清初的东岳庙会，已有300多年的历史。

总之，各地舞龙习俗形式多样，内容丰富，通过舞龙来祈求神龙，以保风调雨顺、五谷丰登，已经成为了华夏民族的传统。

知识点滴

香港中秋舞火龙的起源有过一段传说：很早以前，大坑区在一次风灾袭击后，出现了一条蟒蛇，四处作恶，村民们四出搜捕，终于把它击毙。不料次日蟒蛇不翼而飞。数天后，大坑便发生瘟疫。这时，村中父老忽获菩萨托梦，说是只要在中秋佳节舞动火龙，便可将瘟疫驱除。事有巧合，此举竟然奏效。从此，舞火龙就流传了下来。

在香港，中秋节舞火龙已有100多年的历史，这是值得珍视的。大坑区的舞火龙活动规模颇大，除总教练、教练、总指挥及指挥外，还有安全组等，轮番舞龙者达3万多人。

舞龙种类的发展与演变

　　舞龙是一种大型的团体性的习俗活动。在长期的发展演变中，舞龙也形成了许多不同的样式，主要有龙灯、布龙等。

　　龙灯也称"火龙"，这是流行最为广泛的一种龙舞。这种龙由篾竹扎成龙首、龙身、龙尾，上面糊纸，再画上色彩。

　　节日中点燃蜡烛，有的地方不点蜡烛，而是用桐油、棉纱或灯草做成的"油捻"。这种油捻燃烧很持久，龙灯舞动时五光十色，始终不会熄灭。

龙身有许多节，节数可多可少，但必须是单数。下面装有供舞者手持的木柄，龙前还有一人手举红色绸珠指挥龙舞。

如广东阳江的《鲤鱼化龙》，灵活奇巧，善于变幻，舞龙手身着可开可合的鲤鱼皮，观众起先看到的是一条条戏水之鱼，可随着明快的乐曲突然一变，鱼儿成龙，然后一条口中喷火的鲤鱼跃过龙身，象征"鲤鱼跳龙门"之意。

有的地方闹元宵，各路龙灯汇集竟达百余条，队伍长达一两公里。每条龙灯还伴有十番锣鼓，声闻十里，甚为壮观。

"舞龙灯"是瑶族人民逢年过节时跳的舞蹈，以祈求风调雨顺，人寿年丰。尤其大旱之年，更要组织举行盛大舞龙灯活动，盼望天降甘露，以保好收成。

出于对龙的崇拜和信仰，舞龙灯一直在瑶族人民的心目中占有着重要的位置。所以，舞龙灯在瑶寨广泛流传，经久不衰。

瑶族民间曾有这样一段传说：在很久以前，瑶民世代在高山峻岭的山坡地开荒，刀耕火种，种出了各种作物。但经常受到毒虫、野兽的糟蹋损害，甚至连人们的生命也受到极大的威胁。

龙宫大帝为了给人间消灾除害，于是化身成一条色彩斑斓的巨龙，在山岭上空翻滚游动，并放射出五颜六色的光芒，隆隆的巨大响声，久久地在山间回荡着。

从此之后，害虫、野兽再也没有出现，年年获得好收成，人们过着安居乐业的生活。人们为了感谢龙宫大帝的恩德，就用篾扎纸糊成一节节的龙灯，点燃灯火，举着龙灯欢快地起舞。此习俗一直流传至今。

每次举行舞龙灯时，首先要举行请龙仪式：众人举着已扎制好的龙灯，一齐到溪边、河边，面对河流，洒酒点烛、烧香化纸后，再到土地神位处，点烛、烧香化纸，拜求土地神灵允许舞龙灯。然后，才开始串村过寨，从年头一开始，至元宵节通宵达旦地进行表演活动。

舞龙灯活动结束前，要举行送龙仪式：由舞龙者举着龙灯又回到河边，面对河水，洒酒点烛，烧香化纸，同时将龙灯点燃烧掉，以示送龙归海。

龙灯由龙珠灯1个、龙头灯1个、龙身灯7至9个、龙尾灯1个组成，另加鱼灯2个，牌灯4个，共18人组成龙队。每人手举1个灯，按次序排列。

龙珠灯在前引龙，龙头灯随着龙珠灯的晃动方向追逐；龙身灯一个接一个跟随着龙头灯走动和左右、上下晃动；龙尾灯紧跟在最后，不断地摆动；2个鱼灯随着龙的滚动，在两旁衬托配合自由地游动；4个牌灯分别在表演场地的边沿4个方位站立，不参与舞动。

　　龙灯表演时，根据场地的条件，每套动作可舞两个方位，多数是按顺时针和逆时针方向转动做完一套动作后，便可以接着舞第二套动作，直至舞完为止。

　　舞龙灯以鼓、钹、京锣、云锣等乐器伴奏，有时也可加入一支或两支唢呐，跟着击乐吹奏一些瑶族的曲调。在表演中，按舞龙动作的舞动状况，默契配合，最后进入高潮。

　　龙灯的制作精致，用篾扎成形，表面再用各色纸糊贴出一些瑶族花边、花纹图案。每个龙珠、龙身灯，都制扎有8个风耳，舞动起来能自行转动，灵活、轻巧。每个灯内还可以点燃灯火，夜间舞动时，龙灯迎风转动，人走灯移，五彩缤纷，宛如游龙，别具特色。

　　布龙也称"彩龙"。制作布龙，工艺复杂，要掌握编、插、织、嵌、镶、缠、挂、剔等十多种技巧，共有200多道工序，所需的材料达

100多种。

制骨架的竹片、竹篾，要选择不易虫蛀的毛竹，制作龙衣的布料，要选择质地最牢固的，用以印染龙鳞等的染料，也要买最上乘的产品。

布龙能否制作得传神、逼真，很大部分体现在龙头，龙头是布龙制作的关键部位。从编扎龙头骨架，到制作龙角、耳朵、眼睛、牙齿、舌头，道道工艺，要十分尽心才行。

舞布龙主要在白天表演，由于不点燃蜡烛，所以表演时腾飞欢跃，好似江海波翻浪涌，气势非凡雄伟，别有一格。舞龙时，循势连贯表现巨龙盘旋欢腾，动作非常复杂。

舞布龙主要分形、舞、曲3部分。

形，以彩色布为主要原料，配以竹、木等辅助材料，制成逼真，威武雄壮的布龙。

舞，舞龙队员运用滚、翻、伸、跳等全身动作，舞出龙腾云驾雾、翻江倒海的动态，展示出龙灵活、气吞山河搏击长空的雄姿，反映了人类勇敢拼搏的豪迈气概。

曲，有龙歌和伴奏音乐。节奏运用或缓慢、或激越、或如夜雨定叶，或如微风摇曳。描绘出龙由静到动，由开始，高潮，到结尾全过程。

　　奉化布龙因起源于奉化而得名，是全国很有影响的代表性龙舞之一。奉化布龙由敬神、请神、娱神，逐步演变成为富有特色的民间舞蹈，其舞姿优美、风格独特，具有强烈的艺术感染力，至今已有800多年的历史，是中华民族的古典舞。

　　奉化山川秀丽，有很多山涧渊潭。旧时，人们把这些深潭视为龙的隐身之处，称为龙潭，又把生长于潭中的蛇、鳗、蛙等水生动物视为龙的化身，尊称为龙王。

　　每当干旱，田地龟裂、禾苗枯萎之时，农民们就敲锣打鼓，成群结队去龙潭祈祷，向龙王求雨，待到旱情解除，又把它送回原潭，这成了定规。奉化的龙舞，到了清末，已经形成了一套固有的程式，以后更有发展，队伍也有扩大。

　　舞得活、舞得圆、神态真、套路多、速度快，是奉化布龙的主要艺术特征。奉化布龙的舞姿变化多端，整个舞蹈动作有盘、滚、游、翻、跳、戏等40多个套路和小游龙、大游龙、龙钻尾3个过渡动作。

　　具体舞蹈动作有盘龙、龙抓身、挨背龙、龙搁脚、左右跳、套头龙、龙脱壳、龙翻身、双节龙、背摇船、圆跳龙、满天龙、游龙跳、靠足快龙、弓背龙、龙戏尾、龙出首、快游龙、直伸龙、快跳龙、滚沙龙、大游龙、小游龙和龙钻尾等。

　　其中，许多不同的跳跃动作和躺在地上滚舞的技巧，都是民间艺人通过丰富的想象力创造出来，并在实践中不断充实、提高和完善。

　　舞者速度快，调动的幅度也相当大，技艺娴熟，动作干净利落，灵活敏捷，所有的舞蹈动作都在龙的游动中进行，舞动时做到"人紧龙也圆，龙飞人亦舞""形变龙不停，龙走套路生"。舞得狂，舞得活，龙身圆，形态神。

　　动作间的衔接和递进十分紧凑，再加以热烈而奔放的锣鼓，只见龙在飞腾，人在翻舞，龙身迎风，呼呼有声，煞似蛟龙出海，令人屏息凝神，目不暇接，确有一种翻江倒海的磅礴气势。

　　奉化布龙以竹篾制成骨架，又用布料做龙面、龙肚，故名。奉化布龙在形制上有9节、12节、18节、24节、27节不等，一人持一节。龙身既有龙面布，也有龙肚布，外观优美。

　　12节以上的布龙制作得粗大结实，各节可以点燃红烛，夜间起舞时，五彩斑斓，犹如真龙凌空飞舞。但形体庞大，演出场所受限，唯有9节龙由于节数适中，形象矫健，舞动起来，显得灵活矫健，不择场地，在院子、厅堂随处可舞，深受群众欢迎。

　　舞龙作为一种民间艺术，是民俗

文化的重要组成部分。通过龙文化的艺术展现，增强了中华文化的历史厚重感和民族的凝聚力。

我国的龙文化起源于上古农业社会的龙崇拜。龙在古人的原始信仰里是主水主雨之神。在传统观念里，舞龙可祈求"龙王爷"保佑当地风调雨顺。

舞龙最早是祈雨祭祀仪式的一部分。从上古到近代的很长历史时期，舞龙活动都含有对龙这个司雨大神的崇拜与信仰。

舞龙活动中的祈雨意味如今已经淡薄或消失，但在一些地方仍然保存着这种古老的观念，还存有送龙到江河的习俗。

在舞龙表演结束之后，对舞过的龙如何处置，各地有不同的习俗。有的地方把龙存放到庙中，下次舞龙之前举行仪式"请龙"。

有的把龙头保存起来，把龙身烧掉。有的把龙全部烧掉，称为"化龙"，再把灰烬倒入河流，让龙顺流回到东海。人们认为这样做，可使龙回到龙宫后，保佑这一带风调雨顺。

我国传统文化关于龙的观念是多重的，龙不仅是司雨、司水之神、华夏图腾，还是英勇、权威、尊贵的象征。在民间信仰里，舞龙除了能祈求风调雨顺，还能起到一般意义上的祈福辟邪的作用。在我国有些地方，人们甚至相信舞龙请灯可祈求生龙子添龙丁。

由于"灯"与"丁"谐音，我国很繁盛的灯俗里含有添丁求子的吉祥意义。而龙是权威、尊贵的神物，耍龙灯更含有祈求生龙子的意义。

在湖南、湖北一些地方，在龙灯舞到自家门前时，求子的妇女，就给耍龙灯的人交上钱物，请龙环绕自己的身体走几圈，有的还让一个小男孩骑上龙背，绕着厅堂转一圈，以求真龙送子。

安徽侗县流行中秋节小儿舞草龙，有孩子的人家都愿意让娃娃们出来舞一舞，没有孩子的人家找机会用新灯烛去换插在龙头上的灯烛，据说这样做便能得"龙子"。

浙江东阳、金华、贵州桐梓等地的龙灯会，流行"分子息"，即舞完龙灯会分灯或分糖果礼物；"挂红"，即村主或族长给龙头上披挂红绸被面；"抢红"，即谁家将此被面抢购到手，谁家就子孙兴旺。

"产龙蛋"，即舞龙者进屋后，将两个红鸡蛋送给主人，让主人

放到被窝里；"放圆宝"，即将逗耍龙灯的"圆宝"在家中存放一年，来年灯会前奉还。

这些习俗虽带有迷信色彩，却反映了自古以来中国民间对龙文化的传承，体现了一种独具特色的民族心理的延续，以及一种超越时空的文化穿透力。

龙是中华民族的象征，每一个炎黄子孙都是"龙的传人"。人们在舞龙和观赏舞龙的活动中，增强了对龙的传人的认同意识和对民族文化的自豪感。

龙以其生动、神奇、威武的艺术形象，刚毅、强悍的品行特征，无所畏惧、勇往直前的奋进精神，成为中华民族奋发图强、坚毅拼搏的精神写照和独特标志。从舞龙活动诞生的那一天起，就体现了中华民族追求人与自然沟通和统一的宝贵精神，成为我们今天必须珍惜和汲取的思想财富。

知识点滴

在漳州城西南的郊外，有一座美丽的圆山，山下有一条滚滚东流的大江，江里住着9条美丽而又善良的小金龙，小金龙常在江里游泳、玩耍、人们就把这条江叫作九龙江。

有一天，天气晴朗，那9条小金龙正在大江里戏水玩乐，突然间，狂风大作，黑云滚滚，巨浪滔天，不知从哪里窜来了一条恶龙，张牙舞爪地扑向小金龙，好像一口就要把它们全部吞下去的样子。最后，机灵的小金龙战胜了恶龙。在它们与恶龙战斗的地方，有两朵非常美丽的奇花，大家都不知道它的名字，因为它生长在水里，就把它叫作水仙花。

凤凰传说

凤凰，亦称为丹鸟、火鸟、鹍鸡、威凤等。凤凰是我国古代传说中的"百鸟之王"，与龙同为汉民族图腾，常用来象征祥瑞。凤凰的起源约在新石器时代，原始社会彩陶上的很多鸟纹是凤凰的雏形。我国发现的最早的凤凰图已有约7400年的历史。

龙与凤都是我国神话传说中的动物，也都是备受人们喜爱的祥瑞之兽。自古以来，我国流传着很多关于龙和凤的神话，古籍中也满是赞颂它们的诗文，君王们更是将这两种神兽视为天下太平、繁荣盛世的预兆。

代表和平与希望的凤凰

　　凤凰也叫作丹鸟、火鸟、鹍鸡、威凤等，是我国古代传说中的"百鸟之王"。凤凰与麒麟一样是雌雄统称，雄为凤，雌为凰，总称为凤凰，常用来象征祥瑞。

凤凰是传说中的神鸟，有着一身无与伦比、光辉灿烂的羽毛。凤凰一般在太平盛世才会出现，因此常常有帝王将是否出现凤凰当成上天是否认为自己是圣贤之君的证明。

据我国最早的一部解释词义的专著《尔雅·释鸟》的注解，凤凰的特征是：

　　鸡头、燕颔、蛇颈、龟背、鱼尾、五彩色，高六尺许。

先秦重要典籍《山海经·图赞》中说，凤凰身上有五种像字纹一样的图案：

　　首文曰德，翼文曰顺，背文曰义，腹文曰信，膺文曰仁。

凤凰性格高洁，非晨露不饮，非嫩竹不食，非千年梧桐不栖，其种类繁多，不同的种类其象征意义也不同。传说中凤凰共有5类，分别是赤色的朱雀、青色的青鸾、黄色的鹓鶵、白色的鸿鹄和紫色的鹭鷟。

凤凰也叫"不死鸟"。这是因为神话中说，凤凰每次死后，会周身燃起大火，然后其在烈火中获得重生，并获得较之以前更强大的生命力，称之为"凤凰涅槃"。如此周而复始，凤凰获得了永生。

凤凰不仅能够死后再生，相传也能知天下之治乱兴衰，是我国历史上王道仁政的最好体现，是乱世兴衰的晴雨表。古人曾分出5个等级，以凤凰的5种行止标志政治上的清明程度。于是历代帝王都把"凤鸣朝阳"和"百鸟朝凤"当成盛世的象征。

我国的"五帝"之首黄帝也期盼过凤凰的出现。我国杂编古籍《韩诗外传》记载说：

> 黄帝即位施惠。承天一道，修德，唯仁是纡，宇内和平，未见凤皇。唯思其象，凤昧晨兴，乃招天老而问之曰："凤象如何？"

天老是黄帝的辅臣，相传他见多识广，熟悉各种祥瑞之物。于是，他为黄帝描述出的凤凰，也就成了后人对凤凰的最初的印象：

> 夫凤之象，鸿前，鳞后，蛇颈而鱼尾，龙纹而龟身。燕颔而鸡喙。

　　天老不但描绘了凤凰的长相，还告诉了黄帝凤凰送来祥瑞的5种现象。黄帝马上反省了自己："原来是这样！以我的所作所为，怎么配得上凤凰出现呢！"于是，黄帝便穿上黄袍，戴黄色冠冕，祈求凤凰的到来。

　　没过多久，凤凰便遮天蔽日飞来。黄帝叩头再拜，说："皇天降祉，不敢不承命。"

　　凤凰便栖于黄帝宫殿东园的梧桐树上，以竹为食。

　　其实，黄帝见到凤凰的传说在河图洛书之前就有。据说有一天，黄帝正在洛水上与大臣们观赏风景，忽然见到一只大鸟衔图放到他面前，黄帝连忙拜受下来。再看那鸟，形状似鹤，鸡头，燕嘴，龟颈，龙形，骈翼，鱼尾，五色俱备。图中之字是"慎德，仁义，仁智"6个

字。

　　黄帝从来不曾见过这鸟，便去问天老。天老告诉他说，这种鸟雄的叫凤，雌的叫凰。早晨叫是登晨，白天叫是上祥，傍晚鸣叫是归昌，夜里鸣叫是保长。凤凰一出，表明天下安宁，是大祥的征兆。

　　与《韩诗外传》记载相近的，亦有相传。轩辕黄帝统一了3大部落，72个小部落，建立起世界上第一个有共主的国家。黄帝打算制定一个统一的图腾，于是在原来各大小部落使用过的图腾基础上，创造了一个新的图腾，这就是龙。

　　龙的图腾组成后，还剩下一些部落的图腾没有用上，这又如何是好呢？黄帝的妻子嫘祖是一位绝顶聪明的女人，嫘祖受到黄帝制定的新图腾的启示后，她就把剩余下来各部落的图腾，经过精心挑选，也仿照黄帝制定龙的图腾的方法：孔雀头，天鹅身，金鸡翅，金山鸡羽毛，金色雀颜色，组成了一对漂亮华丽的大鸟。

　　造字的仓颉替这两只大鸟取名叫"凤"和"凰"。凤，代表雄，凰，代表雌，连起来就叫"凤凰"。这就是"凤凰"的来历。

我国文化对凤凰的崇敬从文字演变上也可以看出来。在甲骨文中，"凤"与"风"两字是同一个字，其字形是一只头顶"辛"形符号的飞鸟。

我国古代时的东夷族落崇拜鸟，舜帝时期就以鸟为官名。但这个"鸟"的实质指的是与雨水有关的风，也就是凤。尽管不一定有风就有雨，但云雨必须依靠风来行走天下，风是输送云雨的自然力量，因此同样会被渴望雨水的古人所崇拜。

由于风没有具体形象，无从刻画其形状，聪明的古人便借用飞鸟的形象来描述风。自然中的"风"与鸟类的"凤"有4点相似之处：

其一，鸟善鸣，风也善鸣，风是许多自然界里声音的创造者。其二，风与鸟都是会移动的；其三，有些鸟为候鸟，季节性迁徙，风也有季节性。其四，鸟生活在草木茂盛的地方，突然飞起，转眼消失，风也是来无踪去无影。

所以，甲骨文"凤"或"风"字表示这样一个概念：其一，它供天驱使；其二，它的声音是拂过耳旁的风声；其三，它的形象类似

于飞鸟，来去无踪；其四，它的功能是接受天的旨意行云布雨。

风既有柔顺的一面，也有威猛的一面，柔则清凉拂面，怒则飞沙走石、毁屋折树，而凤凰作为百鸟之王，可以象征祥瑞，也是上天旨意的传达者，同样值得敬畏。

由于凤凰是百鸟之王，因此常常也被用来象征女性中的杰出人物。我国唯一的女皇武则天，相传在她出生之后，曾有条乌龙摇头摆尾地向西山飞去；几乎是同时，一只凤凰也伴着彩霞飞来，在东山顶上长鸣一声，然后向北方飞去。这叫龙凤呈祥，是出贵人好的预兆。

广元城中的凤凰山上坐落着一座凤凰楼，高42米，楼阁14层，与凤凰山连成一个整体，远看形似一只凤凰回首。到夜间，楼阁上彩灯通明，又恰似一只闪闪发光的金凤凰，被誉为"川北第一楼"、"川北明楼"。

这座凤凰楼也与女皇武则天有关。据说，624年武则天出生时，有一只凤凰绕房一周，然后向东山飞去。武则天的父亲当时是利州都督，马上将东山更名为凤凰山。

武则天在14岁时被唐太宗选入宫为才人，因此凤凰楼只修了14

层，而且凤头回望南方，象征武
则天想念家乡。唐高宗继位，武
则天执掌朝政42年，因此这座凤
凰楼高42米。

凤凰楼的风格既古朴典雅，
又富丽华贵。它远眺恰似凤羽，
色泽金黄光亮。楼内梯步呈方
形，盘旋而上，直至楼顶。楼层
分南北错落各半，因此，从楼里
下部仰视，凤凰楼则是25层。

从外面看，那自上而下逐渐由北而南翘起的檐角，形成既往北飞、
又回首南望的美姿，给人以灵动飘逸的感觉。象征着武则天虽北入唐
宫，却又难舍故乡蜀地之意，是造型独特，宏伟壮观的天下名楼。

很久很久以前，在西湖南边的一座山脚下面，住着一个叫
秋姑的女孩。有一年大年三十，鹅毛大雪漫天飞舞，北风"呼
啦啦"地吼得怕人。风雪里来了个求乞的老婆婆，在她家宿了
一夜。

第二天，老婆婆拿出一块白绫送给秋姑，说："把这块白
绫绣起来吧。"秋姑接过来一看，只见那白绫上淡淡地描着一
只凤凰。到了晚上，秋姑半夜醒来，见屋子里一片金光，仔细
一看，那凤凰从图上下来了。从此，秋姑的生活就好起来了，
留下了凤凰送福的传说。

知识点滴

《凤求凰》的美好姻缘

　　由于凤凰也是雌雄统称，雄为凤，雌为凰，因此也就有了以凤凰来比喻恩爱夫妻的典故。在这些典故之中，最负盛名的就是司马相如为卓文君弹奏的那一曲辞赋《凤求凰》了。

　　司马相如原是汉景帝的弟弟梁孝王刘武的门客。梁孝王死后，司

马相如就回到老家成都，可是家境贫困，无以为生。他一向跟临邛县令王吉很有交情，便到临邛县去做客，受到王吉的礼遇。

王吉告诉司马相如说，临邛当地有位富人，名叫卓王孙，他有个女儿卓文君，生得聪明无比，美貌无双，如今在娘家守寡，与司马相如是天生的一双。司马相如听了，不好意思地摇了摇头。王吉却不以为然，他认为事在人为。

后来，卓王孙听说司马相如是有名的文人，也是县令的好友，就宴请了他，并顺便发了100多张请帖，邀请了很多县中的官员与有名望的人。于是，司马相如就带上自己从不离身的珍爱之物绿绮去了。

这个"绿绮"是我国的四大名琴之一，是别人转赠给司马相如的礼物。司马相如原本家境贫寒，徒有四壁，但他的诗赋极有名气，梁王慕名请他作赋，相如写了一篇《如玉赋》相赠。

这篇《如玉赋》词藻瑰丽，气韵非凡，梁王极为高兴，就以自己收藏的"绿绮"琴回赠。这张"绿绮"是传世名琴，琴内有铭文曰："桐梓合精"。

司马相如得"绿绮"后，如获珍宝。他精湛的琴艺配上"绿绮"绝妙的音色，使"绿绮"琴名噪一时，后来，"绿绮"就成了古琴的别称。

宴会开始，卓王孙带领众宾客向司马相如敬酒，少不了说了许多奉承话。

正在大家喝得高兴的时候，王吉向大家介绍说："相如先生是当今第一名流，不仅文章写得好，而且琴也弹得很好，今天有嘉宾美酒，何不请相如先生弹奏一曲呢？"众人听了，齐声叫好。

司马相如推辞了一番，便弹奏起来。他先弹了一支短曲，后来看到竹帘后面有一个影影绰绰穿白衣服的女子在听琴，知道是卓文君。

原来，卓王孙的女儿卓文君听说司马相如来做客，早就想见识一下这位大才子。她本来就喜爱音乐，听到琴声，就偷偷地躲在帘子后面看。

司马相如施展自己高超的琴技，弹起了一曲《凤求凰》，通过琴声，向卓文君表达了自己爱慕的心情，正像曲中的唱词所言：

有一美人兮，见之不忘。

一日不见兮，思之如狂。

凤飞翱翔兮，四海求凰。

无奈佳人兮，不在东墙。

将琴代语兮，聊写衷肠。

愿言配德兮，携手相将。

何日见许兮，慰我彷徨。

不得于飞兮，使我沦亡。

　　这一首唱词表达了相如对文君的无限倾慕和热烈追求的性感。白话文的意思是：有位俊秀的女子啊，我见了她的容貌，就此难以忘怀。一日不见她，心中牵念得像是要发狂一般。

　　我就像那在空中回旋高飞的凤鸟，在天下各处寻觅着凰鸟。可惜那美人啊不在东墙邻近。

　　我以琴声替代心中情语，姑且描写我内心的情意。何时能允诺婚事，慰藉我往返徘徊，不知如何是好的心情？

　　希望我的德行可以与你相配，携手同在一起。如果无法与你比翼偕飞，百年好合，这样的伤情结果会令我沦陷于情愁而欲丧亡。

司马相如接着弹奏吟唱：

凤兮凤兮归故乡，遨游四海求其凰。

时未遇兮无所将，何悟今兮升斯堂！

有艳淑女在闺房，室迩人遐毒我肠。

何缘交颈为鸳鸯，胡颉颃兮共翱翔！

凰兮凰兮从我栖，得托孳尾永为妃。

交情通意心和谐，中夜相从知者谁？

双翼俱起翻高飞，无感我思使余悲。

这一首写得更为大胆炽烈，暗约文君半夜幽会，并一起私奔。白话文的意思是：凤鸟啊凤鸟，回到了家乡。行踪无定，游览天下只为寻求心中的凰鸟。未遇凰鸟时啊，不知所往。怎能悟解今日登门后心中所感？

有位美丽而娴雅贞静的女子在她的居室。居处虽近，这美丽女子

却离我很远。对她的思念之情正残
虐着我的心肠。如何能够得此良
缘，结为夫妇，做那恩爱的交颈鸳
鸯？但愿我这凤鸟，能与你这凰
鸟一同双飞，天际游翔。

凰鸟啊凰鸟，愿你与我起居相
依，形影不离，哺育生子，永远
做我的配偶，情投意合，两心和睦
谐顺。半夜里与我互相追随，又有
谁会知晓？展开双翼远走高飞，徒
然为你感念相思而使我悲伤。

《凤求凰》全诗言浅意深，音
节流亮，感情热烈奔放而又深挚缠
绵，熔《楚辞》"骚体"的旖旎
绵邈和汉代民歌的清新明快于一炉。以"凤求凰"为通体比兴，不仅
包含了热烈的求偶，而且也象征着男女主人公理想的非凡，旨趣的高
尚，知音的默契等丰富的意蕴。

司马相如的这一曲《凤求凰》弹奏完毕以后，宾客们无不叹为观
止，而深懂琴理的卓文君也听出了琴声中的意思，不由得为他的气
派、风度和才情所吸引，也产生了敬慕之情。宴毕，司马相如又通过
文君的侍婢向她转达心意，通过仆人送给卓文君一封求爱信。

卓文君不愧是一个奇女子，她接到求爱信后激动不已，但她知道
父亲不会同意这门亲事，就在一天晚上偷偷地跑出来，投奔了司马相
如，俩人连夜乘车回到司马相如的家乡成都。

两个人回到成都之后，面对家徒四壁的境地，大大方方地回临邛老家开酒肆，自己当垆卖酒，终于使得要面子的父亲承认了他们的爱情。司马相如和卓文君这一段被人乐此不疲传颂的美好爱情，就成了后世人们追求爱情自由的典型代表。

知识点滴

传说在远古时代，百鸟都很敬重美丽的孔雀，奉它做百鸟之王，使孔雀骄傲起来，总是自以为是。

有一天，孔雀不小心把自己的羽毛烧着了，吓得到处跑，把火苗带到森林各处，引起大火。森林一起火，小动物赶紧放下正在做的事情都去救火，火很快被扑灭了，但是孔雀全身美丽的羽毛被烧得焦黑，凤鸟也因为救火被烧光了羽毛。为了表彰凤鸟救火的功劳，大家让凤鸟当森林的百鸟之王，并且每只鸟都将自己身上最漂亮的羽毛送给凤鸟，制作新的羽翼，凤鸟比以前更加漂亮了，改名为凤凰。

龙凤呈祥的起源与发展

　　凤和龙虽然都是祥瑞之物，但两者的形象和内涵截然不同。龙令人感到威严而神秘，不可亲近，只可敬畏；凤象征着和美，安宁和幸福，乃至爱情，让人感到温馨、亲近、安全。

　　当龙和凤在一起时，就成了既威严又和美的象征，因此"龙凤呈祥"不仅在古代的皇家装饰上很受欢迎，也是我国最负盛名的传统吉祥

图案之一。关于这个吉祥纹饰的说法，是有来历的。

相传在春秋时代，东周秦国的国君秦穆公有个小女儿，生来爱玉，秦穆公便给她起名叫"弄玉"。弄玉生性自由浪漫，喜欢品笛弄笙，秦穆公疼爱她，便命工匠把西域进贡来的玉雕成笙送给她。自从有了玉笙，公主吹笙的技艺更加精湛。

弄玉长到十几岁时，已经是个姿容无双、聪敏绝伦的女孩了，秦穆公想招邻国的王子为婿，但弄玉不从，坚持对秦穆公说："如果对方不懂音律，不是善奏乐器的高手，我宁可不嫁！"秦穆公疼爱女儿，只好依从公主。

一天夜里，公主倚栏赏月，用玉笙表达自己对爱情的神往。正吹得起劲，一阵袅袅的洞箫声和着公主笙乐响起。一连几夜，笙乐如龙音，箫声如凤鸣，合奏起来简直就如仙乐一般动听，整个秦宫都听得见，以至方圆百里。

秦穆公很好奇，向弄玉打听，公主说也不知道是谁在附和，只知道是从很远的地方传来的。秦穆公马上派出大将孟明寻找吹箫人。孟明一路走一路打听，一直找到华山脚下。

当地有一位樵夫告诉孟明说："我听说华山中峰的明星崖隐居着一位少年，名叫箫史，他很会吹箫，箫声不仅动听，还能传到数百里之远呢。"孟明连忙到明星崖找到箫史，将他带回了秦宫。

当时正值中秋，秦穆公见箫史的箫也为美玉所制，非常高兴，便请来公主，两人一见钟情，便合乐起来。一曲不曾奏完，殿内画着的金龙、彩凤却都好像翩翩起舞起来，众人听得入痴，齐赞说："真是仙乐啊！"不久，弄玉和箫史就成婚了。

成婚之后，夫妻俩每日琴瑟和鸣，相敬如宾。箫史教弄玉用箫吹凤鸣，弄玉教箫史用笙吹龙音，学了有十几年后，他们真的把天上的凤引下来了，停在了他们的屋顶上。不久，一条龙也来到了他们的庭院里欣赏音乐。

这时，箫史感叹说："宫中的生活虽然富足，可我更怀念在华山幽静的生活啊！"弄玉笑着回答说："如果你已经厌弃了荣华富贵，我愿与你同去享山野清净！"说完，夫妻二人又合奏起来。

片刻之后，龙飞凤舞，天上祥云翻腾。弄玉乘上彩凤，箫史跨上金龙，一时间龙凤双飞升空，呈祥而去！

后来，人们为了纪念弄玉和箫史的动人爱情故事，就用"龙凤呈祥"来形容夫妻间比翼双飞、恩爱相随、相濡以沫、百年好合的忠贞爱情。

龙凤呈祥也是一种典型的瓷器装饰纹样，描绘了龙与凤相对

飞舞的画面。龙为鳞虫之长，凤为百鸟之王，都是祥瑞之物。龙凤相配便呈吉祥，习称"龙凤呈祥纹"。同时，龙纹和凤纹分别作为吉祥图案发展了很长时间：

最早的龙纹见于红山文化中的玉器，并有多处发现，但最有代表性的是内蒙古翁牛特旗三星他拉出土的玉龙。该玉龙长26厘米，身体卷屈，长吻前伸，有对称的鼻孔，所以有人认为龙头是由猪形演变来的，与原始农业生活有密切关联。

最早的凤纹还是鸟纹，多见于牙骨器的雕刻上。有一件鸟形匕，用象牙制成的，条形的牙匕上，刻小身大尾的鸟，柄端成鸟首，鸟身和翅膀刻出羽毛状，背面有小孔，可以穿绳悬挂。

还有个被称为双凤朝阳的牙雕碟形器，表现一对相向的双鸟，勾喙，圆眼，抬首向往；中间饰以五环同心圆，上有火焰状纹饰，如太阳光芒。也有人认为不是太阳而是鸟卵，或称为双凤朝卵，寓意生育崇拜的含义。

原始时代的凤纹文物还有个双鸟纹骨匕，用兽肋骨刻成。柄部有两组鸟首纹样，每组以一圆居中，分别可出两个反向的鸟首勾喙大眼，头颈外伸，有仪有爪，形成连体，因又称连体双鸟纹。

到了夏商，龙已经是中华民族的象征，留下了许多珍贵的古代工艺文化和民俗文化的史迹。在商周以及战国青铜器的纹样中，有不少交叠缠绕的小龙，以这些特征命名的为蟠螭纹、蟠虺纹等。

大体上在宋代以前，龙多与虎结合作为龙纹，有威武之意。宋代以后多表示天子、权力；在民间，则表示吉祥、喜庆、勇猛、神威等。在商代青铜器纹样中，龙纹并不十分显要，但有多种变化，如卷龙纹、双龙纹作为主要传承纹样。

凤纹是在商代后期出现的，比鸟纹更加华美，头上有冠，有的是长冠，垂直于颈部甚至是背部；有的是花冠，成花朵状；有的是多齿冠；呈羽毛状。卷曲的羽尾有的显出孔雀翎羽，有的已和体干分开。作为主要传承纹样。

到了西周时期，凤纹已经是当时的流行纹样之一了。周代凤纹动态作回首卷尾状。西周穆王时的凤纹，头上冠羽飘动，身后羽尾飞舞，颈上，头上冠羽飘动，身后羽尾飞舞，颈上有垂鳞状羽片，腹前有涡旋状的翼纹，十分优美，应是此时期的代表作。

凤纹作为青铜器的装饰，在周代极为盛

行。周代的纹样，也大量采用凤纹。

这主要是因为商代尚迷信，以祭祀天和神为主要目的，而兽面纹能充分体现祭祀活动的威仪。

作为祥瑞的凤鸟，自然占据兽纹的主要地位。周代倡导礼治，宣扬社会的秩序和美好，作为"见天下大安宁"的凤鸟，更能充分表现这种社会观念。所以，周代昭、穆时期凤纹大量流行，以致有学者将那段时期称为"凤纹时代"。

在传统纹样中，除了保守的北方燕国地区将饕餮纹作为主要纹饰之外，其余各国都在应用龙纹。此时的龙纹多做交缠穿插状，仍为蛇形长体，有交龙纹、多头龙纹等，有鸣叫状、飞舞状。

当时的饕餮纹经简化，向汉代的俯首纹过渡，而龙纹和凤纹，已是汉代四神纹中青龙和朱雀的雏形，向定型化转变。

汉代的龙纹多为单体，四肢劲健，体为游龙形，作行走状。头扬，有的身有翼。常作为四神之一，与白虎、朱雀、玄武配位系列图案。汉代的凤纹也是单体，或竚立，头有高冠，孔雀尾；或做飞舞状，展翅扬足，称为舞凤。一般为四神之一，称为朱雀，凤鸟口中多衔珠。

到了魏晋南北朝时期，龙凤纹大体仍传承汉代纹样的特点，变化较少。龙纹和凤纹多是作为四神系列图案单独应用，为青龙、白虎、朱雀、玄武。受外来文化影响，当时的凤纹的羽尾夸大如鳞片状。又受佛教影响，凤常常立于莲花之上。这一时期的工艺文化，具有浓厚的宗教氛围。

隋唐时期是我国历史上国势强盛，经济繁荣，文化发达的时代，也是我国历史上的一个转折时期。龙纹至隋唐时代已完全成熟，可以分为两类：一类出现于墓室石刻、碑石之上，其身份以通天神兽为主；另一类广泛出现于实用器皿、建筑构件之上，其身份以吉祥瑞兽为主。

龙纹这两种基本含义本来就是紧密关联、难以截然分开的，但至隋唐以来，龙纹含义的重心明显偏向于后者。唐代的墓室壁画十分发达，但其主要内容均以墓主人生前生活为题材，龙纹多以龙虎相辅、四灵、十二生肖俑及天象的组成部分出现，像墓主人乘龙升天的传统画面则不再盛行。

与此相反，在隋唐的实用器皿上，龙纹出现极为普遍，并多与蔓草、花卉及各种动物组合出现。这说明龙纹在当时基本已成为人们喜闻乐见的吉祥图案，和人们的生活紧密联系在一起。

隋代龙纹可以河北赵县安济桥栏板上的石雕龙纹为代表。著名的赵州石拱桥建于隋

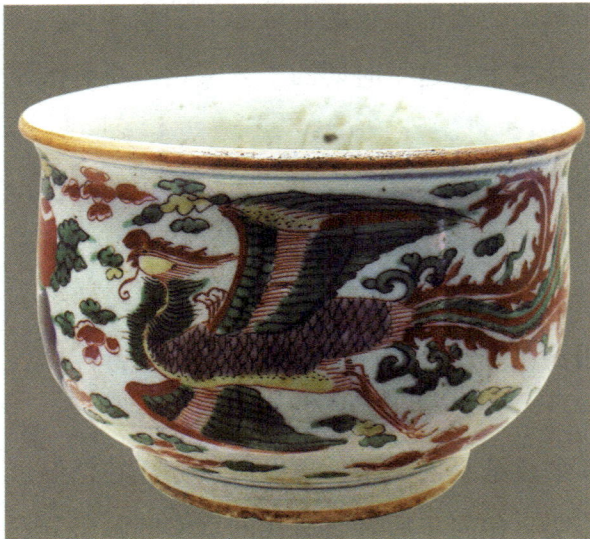

大业年间，由当时的名匠李春设计建造，也是我国第一座石构坦弧敞肩拱桥。

赵州桥的望柱、仰天石、栏板上皆有雕刻，其中以龙纹最为精美，共有奔龙、对龙、交颈龙、穿石龙等多种形式，其中奔龙为单龙飞驰图案，龙巨首吐舌，体躯舒展，姿态奔放雄健，颇具六朝遗风。

对曲身飞腾的双龙，分持火珠与宝相花抬爪相对，图案有佛教艺术色彩与吉祥含义；交颈龙为一对行龙两颈相交，皆口吐莲花，十分精美；而最有特色是其中穿石龙图案，图中双龙巨首硕角，躯体若兽，龙的首、尾两端从石中探出，龙身中断隐没石中。

龙纹的工匠既表现了龙穿岩引水、变化莫测的神通，又弥补了栏板短小无法表现龙之长躯的缺憾，处理手法轻灵巧妙，具有强烈的审美情趣，而这正是隋唐龙纹所具有的时代风格。

隋代日用器皿上的龙纹以龙柄瓷壶最具特色。以龙为造型的器鋬早在东周时代就已经出现，而六朝匠人巧妙地将这个传统的艺术手法运用于陶瓷艺术，到了隋代，以龙为柄的陶瓷工艺日趋成熟。

1957年陕西李静训墓曾出土一个白瓷双龙双联瓶，瓶为双体，似浑圆的龙躯；双柄自瓶体伸出而为龙颈，龙颈直竖突出表现龙的渴态；双柄上端为一对龙首，探入瓶口，吸引瓶中之水。双龙造型质朴洗练、憨态可掬，令人忍俊不禁。

凤首、龙柄是隋代瓷壶的常见造型，如与上壶同出一墓的白瓷龙柄凤首壶，壶高27.4厘米，一侧为形态若鸡的凤首，另一侧为首入瓶口的龙形柄。最为精美的隋代龙凤纹壶当数河南汲县出土的青瓷凤头龙柄壶。

这个文物的壶盖是戴冠凤首造型，器柄为一完整的四足之龙，龙下足立于瓶底，一对上足支撑于瓶身，龙首探入瓶口，造型极其生动。壶身布满中亚风格的图案纹饰，与我国传统的龙凤纹相映成趣。

龙凤合璧都是我国传统中具有阴阳相辅含义的吉祥纹像，隋代则迅速向世俗化、审美化发展，充满了清新活泼的生机。

唐代时，龙凤纹的种类又多出了云龙纹、鱼龙纹。云龙纹的龙，龙体中间仍很粗大，头小尾细，四肢突出，多位三爪尾从后肢穿出。一般作圆形适合纹样，并以朵云纹填饰作为陪衬。唐代云纹多运用于陶瓷、玉雕和铜镜上，以铜镜上的云龙最为精彩。

鱼龙纹则是指龙首鱼身的一种变形纹样，因为

它基本仍属鱼形，因此以龙鱼称之。另外，在我国古代传说中，龙和鱼常有相连的关系，鱼化龙或鲤鱼跳龙门就是这类传闻的记述。

唐代的凤纹，多为展翅舞蹈状，因此称为舞凤纹。在此之前直到唐代，凤纹大多是表现朱雀或站立或展翅，头顶花羽，昂首挺胸，动态各异，长长的花冠，卷曲的鱼尾形态十分优美，常与龙陪衬使用。

宋代龙纹其形象发生了巨大变化，即由汉唐以来的走兽形，粗体细尾，四足如兽状，转而恢复到汉以前的蟒蛇形，身体修长，四足粗短，可以盘足起状。

宋代绘画中的云龙图，定窑、磁州窑的龙纹以及缂丝百花攒龙纹，大体都呈蛇蟒状。龙纹多单独应用，或与云水相结合。

宋代的凤纹已作飞翔状，不似汉唐时期的伫立姿态。双翅伸展，鱼尾飘动，或作羽毛状，或作卷草状，但已不若当代的华丽。此时的凤纹多与鸾相配，雄凤雌鸾；或为凤凰，雄凤雌凰。

元代的龙纹基本和宋代相似，龙足的肘弯处一般饰有三条带纹，以加强其动感，并用以填饰装饰面的空间。有行龙，如元瓷上所饰的龙纹，动态优美，生动劲健；有团龙。

在龙纹组合上，除宋代所见云纹和水纹外，龙与凤结合是此时期的特点。自原始至唐宋，装饰上纹样，多与虎纹相结合。自元代起龙与凤开始成对，寓意帝室，在建筑彩画石雕上多以龙凤相配作为宫殿装饰纹样。

元代的凤纹应用很广，陶瓷、银器、铜镜、石刻等均常见，而以陶瓷的凤纹最为突出。形式多样或单只或成双，作飞翔状，双翅伸展，羽尾飘动，显示其矫健生动的艺术特色。

龙纹发展到明代，其艺术形象已经定型化，即"行中弓，坐如升，降如闪电，升腼脑"。

明代的龙纹嘴较长，多为闭合状头上的毛向前飘伸，显示其力

量。明代时也出现了正面龙，一般表现为坐龙、团龙，龙的爪呈轮状，组成圆形，称为轮爪，这是宫廷器物服饰所用的龙。

明代的民间也流行用龙，但其含义和皇家不同，往往是表示威武、力量和作为求雨的工具。在装饰上，也多用龙纹，反映在刺绣、印染、木雕、漆器等工艺上，只是形象简朴，而且不能用五爪龙。

明代的凤纹多作飞翔状，头大、细颈，展翅，羽尾飘动，形式优美。在工艺美术中，凤纹多用于陶瓷、染织、金银器、石刻、木器、漆器中。此外，也作成凤冠、凤钗等器物，为妇女的高贵饰品。

清代的龙凤纹，基本上继承了明代的格式，但应用极广泛，在陶瓷、染织、刺绣、漆器。金工、雕刻、彩画、剪纸等各类装饰中，均大量采用。有龙凤合用，也有龙凤单独用。凤有如意高冠、三尾羽、五尾羽或多羽。

清代的龙纹已完全程式化，并赋予了吉祥意义。龙的装饰形式有多种多样，有行龙、坐龙、升龙、团龙、蟠龙等；有对龙和子孙龙，有草龙，有拐子龙。

清代的凤纹，其形象大体与明代相似，只是装饰更为华美，并组合为吉祥意义。凤纹与牡丹组合，称为凤穿牡丹，寓意幸福美好；凤纹与百鸟组合，称为百鸟朝凤，是广绣中常见的装饰题材。

明清以来的龙纹和凤纹，不同阶层有不同的含义。封建统治阶级以龙代表皇帝，以凤表示皇后，作为身份的象征等。在民间，龙凤则另有意义。人们以龙象征威武力量，以凤代表美好。

龙纹的历史十分悠久，其形象的演变，一般认为大体经历了这样几个阶段：

第一阶段自河南濮阳蚌饰龙开始，到商周青铜器上的龙纹，多于水器铜盘相联系，春秋战国时期的龙，多作蟠绕状；

第二阶段的龙纹汉魏六朝时期，龙作走兽状，与白虎、朱雀、玄武相结合，成为系列图案，代表方位其含义与阴阳五行结合；

第三阶段，隋唐两宋时期，龙从走兽形象过渡到蟠行形象；

第四阶段的龙纹是在元明清时期，身躯渐长，脱离兽身成为蛇体的龙，多于凤相配用，代表阴阳，或为统治者所用，代表帝王和皇后，以体现王权。

传说有一天，凤凰突然现身让所有的飞禽走兽瞻仰它的风采。只见凤凰的五彩羽毛，在日光下金碧辉煌，它仪态万方，风姿绰约，所有的飞禽走兽见了它，都觉得自己在它的面前不好意思抬起头来，都垂下了眼睛。过了好长一段时间，善良的鸟兽叹息着对凤凰说："你虽然是那么的神奇，那么漂亮，又是那么文雅，可是有谁能配得上做你的爱人和朋友呢？"

凤凰听了这些鸟兽的话，默然无语。过了一会儿，它便忽然从梧桐树上飞起，很快消失在天上的遥远白云之中。从那以后，众鸟兽们再也没有见到它出现过。

知识点滴

龙和凤的互补和对应

龙和凤,一个是众兽之君,一个是百鸟之王;一个变化飞腾而灵异,一个高雅美善而祥瑞,两者之间神性的互补和对应,以至于美好的互助合作关系的建立,便"龙飞凤舞"、"龙凤呈祥"了。

在中国传统的吉祥图案中,龙凤是很好看的一种。画面上,龙、凤各居一半。龙是升龙,张口旋身,回首望凤;凤是翔凤，展翅翘尾，举目眺龙。周围瑞云朵朵，一派祥和之气。

凤取材对象主要是鸟禽，而鸟禽绝大多数都是喜欢温暖，喜爱阳光，因此，凤凰又称"太阳鸟"、"火精"，所谓"丹凤朝阳"、"凤鸣朝阳"、"火凤凰"。

龙的取材对象多为"水物"、"水兽"和"水象"，从而在其形成的初期，基本上是属"阴"的。龙和凤的配合、结合、对应，反映着古人的阴阳观。

出土的商代和战国时期的玉饰、玉佩，有的龙衔凤，有的凤驮龙，有的龙在凤下，有的龙凤同体，说明当时人们已认识到：阴阳是不同的、相对的，又是相关的，谁也离不开谁的。

有这样一个故事成为龙与凤关系的美谈。孔子曾向老子问礼，归来后感叹老子是龙。

《史记·老子韩非列传》记载孔子对自己的学生们说起老子的话："我知道鸟是那种能飞的动物，鱼是能游的动物，会行走的动物可以捕捉到，会游动的动物可以用网捕捞，会飞的动物可以用弓箭捕捉。但是像龙那种能乘着风云飞上天的动物，我就不了解了。老子给我的感觉，就是一条高深莫测、难以企及的游龙啊！"

道家学派经典著作《庄子·外篇·天运》也记载这件事说：

当年，孔子曾专程赴洛邑拜见老子，相互交流，互取其思想之道。但当孔子归来后，却闭口不谈与老子的见面，整整3天没有说话。

孔子的弟子们很奇怪，问他说："您跟老子谈了些什么呢？为何归来后久久不语呢？"

孔子感叹说："我竟然见到了龙！它合而成体，散而成章，乘云气而翔乎阴阳，我这个凡人在那条龙面前，口张而不能合，舌举而不能讯，又哪有资格规谏人家呢！"

孔子两次用对比的手法说出了老子不是天上的飞禽、地上的走兽、河里的游鱼，而是来往宇宙天地之间的龙，说明孔子认为，老子及其学说对世事人间发展变化料事如神，揭示宇宙天地发展规律犹如神明。

另一则故事是《庄子》上面记载的：老子见孔子带着五位弟子在前面走，就问道："前边都是谁？"孔子回答说："我这五个弟子，子路勇敢、力气大，子贡有智谋，曾子孝顺父母，颜回注重仁义，子张有武功。"

老子听后感叹说："我听说南方有鸟，其名为凤，它的首、翼、背、腹和膺分别有德、顺、义、信、仁这几个字，就和你一样啊！"这是老子将孔子比为凤。

孔子用龙比老子，是取了龙升天潜渊、灵异善变的神性，来比老子的静动自如的神采和纵横天地不拘一格的思辨才能。

老子用凤比孔子，则是取了凤的亲德嘉仁的神性，来比孔子的智善和悦的品性，及仁爱为本、律己惠人的圣德。这大概是文献中最早的有关龙凤配合、对应的记载了。

大约从秦汉时期，龙和凤的关系有了变化，有很多出土的文物都表现了对应、结合这种文化。如秦代的"鎏金龙凤纹银盘"、汉代的"四神纹"瓦当、陕北榆林出土的汉墓石门上的龙凤纹、北魏仙人乘龙跨凤的石刻墓志边缘装饰画、隋代的青瓷凤头龙柄壶、唐代的龙凤纹铜镜等等。这样的对应与结合，一直延续到当代。

另一方面，龙身上开始有了象征君主帝王的神性。君主帝王们都说自己是"真龙天子"，如秦始皇称"祖龙"；汉高祖是其母感蛟龙而生，而且生得"隆准而龙颜"；王莽要"当仙成龙"；汉光武帝"梦赤龙"等等。

既然帝王们称龙比龙，作为对应，帝后妃嫔们就开始称凤比凤了。帝王要穿"龙衮"，帝后便戴"凤冠"；帝王住"龙邸"，帝后便居"凤楼"；帝王有"龙火衣"，帝后便有"凤头鞋"等等。

这样一对应，凤便有了一个大

变化，即由"阳"转"阴"。因为，帝王们绝大多数都是男的，手中又掌握着至高无上、威力无边的权力，加上龙呼风唤雨的威力、飞举变化的能量，正和属"阳"的男性相吻合。

凤由于其外表美丽，更和喜好打扮得花枝招展的属"阴"的女性相接近。因此，虽然凤本是凤凰的简称，虽然凤凰是分雌雄的，才有所谓"凤求凰"。但在和作为帝王的龙对应之后，就雌雄不分，整个地雌性化了。

龙与凤配合、对应的情形，不仅出现在帝王左右，也广泛地流行于民众之间，反映在不同地域、不同民族的习俗之中。其寓意，多是阴阳合谐，婚恋美满，求吉祈福。

总之，没有凤，龙就是孤单的龙；没有龙，凤就是凄清的凤。龙因力而生，凤因美而活。龙的力为凤的美提供着支撑和归宿，凤的美为龙的力提供了目标，增添着特别迷人的魅力。

知识点滴

传说在太阳升起的地方，有一座山叫太阳山。山上有很多的奇珍异宝，山下住着一只金凤凰，每当善良的人走投无路的时候，它都会出现，帮助那些可怜的人。

可是这只是传说，谁也没有见过这只金凤凰。而且太阳出来的时候，山上的温度很高，谁也没有去过那座山，谁也没有见过奇珍异宝，每个人都会梦想有一天去太阳山，取回珠宝，从此过上衣食无忧的生活。